KB234825

복받는 조상공양

상권 - 원리와 사례 편

복福 받는 조상공양 – 원리와 사례 편 〈상권〉

초판발행일 2006년 11월 10일
지은이 도 담 道淡
펴낸이 문관하
펴낸곳 문원북

출판등록 1992년 12월5일   제4-197호
전화 (02) 2634-9846
팩스 (02) 2635-9846

이메일 wellpine@hanmail.net

ISBN 89-7461-202-X

복받는 조상공양

상권 - 원리와 사례 편

도 담道淡 지음

문원북 BOOK

머리말

언제부턴가 앞뜰에 이름 모를 새가 한 마리 날아왔습니다. 그 새는 항상 몇 번이고 앞뜰을 거닐고는 어디론가 날아갑니다. 오늘은 앞뜰에 놓여진 탁자 위에 올라가 지저귀고 날아갑니다.

그 새가 어디에서 왔는지는 모르나, 새와 나는 가까워졌습니다. 내일 그 새는 오지 않을 수도 있습니다. 그러나 나는 내가 여기에 있는 동안 그 새가 다시 오리라 굳게 믿고 있습니다. 만일 그 새가 여기 오지 않아도 나는 그 새를 볼 수 있습니다.

그렇게 오지 않는 새를 볼 수 있는 것은 새와 나의 마음이 하나가 되었기 때문입니다.

마음은 어디든지 오갈 수 있고, 어떤 것이든 볼 수 있고, 무엇이든 움직일 수 있습니다. 과거든, 현재든, 미래든 어느 곳이나 누구에게나 미치지 않는 곳이 없습니다. 하물며 나를 이 세상에 있게 해 주신 조상님의 마음을 알기란 그 새의 마음을 알기보다 쉬운 일일 것입니다.

한 때는 젊은 혈기로 인하여, 혹은 지나친 논리적 사고 방식으로 인하여, 혹은 찌든 사회 생활로 인하여 나의 진실한 마음을 돌아보지 못하였습니다. 나 자신의 마음이 나의 영혼인지도 몰랐습니다. 구도자들이 힘겹게 추구하고자는 것도 자신의 진실한 마음을 알기 위해서라고 생각합니다. 자신의 진실한 마음을 알아야 자기 자신이 무엇을 잘하였는지, 무엇을 잘못하였는지를 정확히 알 수 있는 것입니다. 그로인하여 그 원인을 알 수 있고 결과를 얻을 수 있는 것입니다.

부처님이 말씀하신, '모든 것은 오직 마음으로 통할 수 있다'는 뜻인, '일체유심조一切唯心造'나, 공자님이 말씀하신, '아침에 도道를 들으면 저녁에 죽어도 좋다'는 뜻인, '조문도석사가의朝聞道夕死可矣'는 모두, 나 자신의 진실한 마음을 찾으라는 진리의 말씀인 것입니다.

비록 이 책이, 이 책, 저 책에서 짜깁기하고 단편적인 나의 생각을 펼쳐 놓기는 하였으나, 우리에게는 '마음'이라는 고귀한 존재가 우리 자신의 몸에 들어있다는 것을 여러분들에게 작은 부분이나마 알려드리려고 노력하였고, 혼자서 직접 할 수 있는 조상 공양하는 방법을 알려드림으로써 불공평한 세상에 힘겹게 살아가는 어려운 이웃에게 조금이나마 도움이 되지 않을까 하는 바람에서 이 책을 냅니다.

특히 조상 공양은 종교를 초월하여 누구나 할 수 있고, 효과를 볼 수 있는 소원 성취의 한 가지 방법이기 때문에 조금만 관심을 기울이면 누구든지, 어떤 종교인이든지 인연이 닿아 뜻을 이룰 수 있다고 확신 하는 바입니다. 필자 역시 체험하였습니다.

조상 공양 방법이 다분히 불교적인 색체가 뚜렷하지만, 그 추구하는 목적은 하나이므로 마음을 넓게 펼치면 더 넓은 세상이 마음에 들어오리라 생각합니다. 이 책에서는 영혼, 혼령, 심령 등을 '마음'이라는 단어로 표현하였는데, 마음은 그 의미가 영혼, 혼령, 심령 등과 같기 때문이니 이점 양지있으시기 바랍니다.

　끝으로 이 책을 세상에 내 주신 문관하 사장님과 김민철 부장님께 감사드리며, 항상 물심양면으로 도움을 주신 김 명구, 김 선임 부처夫妻, 윤혁거사, 김정미 보살, 그리고 강 대운 선생님께 감사 말씀올립니다.

병술년 병신월 처서무렵에.
도 담 역 원에서 도 담 합장

7

머리말

차 례

제 1 장 마음, 영혼, 심령이란?

제1장
마음, 영혼, 혼령, 심령이란?

'조상공양' 하면 가장 먼저 떠오르는 것이 영혼이라든지, 혼령이라든지, 심령이라는 글자일 것입니다. 영혼, 혼령, 심령의 글자는 '마음'이라는 글자와 통하고 있는데, 보통사람이 '마음'을 글로 표현한다는 것은 거의 불가능한 일일 것입니다. 도대체 '마음'이라는 것이 무엇이며, 어디서 왔다가 어디로 가는가하는 문제는 동서고금을 통하여 종교나 철학이나 학문 등 모든 분야에서 가장 근본적인 질문이자 답을 구하기도 어려운 불문율과도 같은 영원한 숙제라고 할 수 있을 것입니다. 종교인에게 찾아가 '마음이 무엇입니까?'라고 질문을 하면 시원한 답변을 기대하기가 어려운 것이 사실일 겁니다.

'마음'의 의미나 근본이 그저 철학자나 산속에서 수도하는 도인이나 스님, 성직자의 전유물이 되어 일반인은 알 수도 없고 알아서도 안되는 장막에 가려진 신비로운 것이라는 생각에 답답한 마음을 금할 길이 없어서 궁리를 하던 중, 그래도 '마음'이라는 실체를 가장 논리적으로 표현하고 있는 불교 교리를 잠시 들춰 보았습니다.

이 교리를 어느정도 알고 있어야 나중에 설명드리는 조상공양의 내용에 있어서 '윤회'라든가, 윤회에서 비롯되는 '49재'의 의미라든가 하는 '영혼'의 존재를 이해하실 수 있으리라 생각하여 짧은 지식으로 대강의 설명을 드릴까 합니다.

어렵고 까다로운 불교의 교리를 짧은 지식으로나마 굳이 설명드리고자 하는 것은 '마음'을 떠나서는 윤회도, 영혼도, 49재 등등 아무것도 말할 수 없는 것이라고 해도 과언이 아니기 때문인 것입니다.

불교의 유식학唯識學에서는 우주의 최종적 실재實在를 '마음'이라고 하는데, 그 '마음'이라는 것은 우리가 살아 있거나 죽어서도 존재하는데, 그 '마음'을 '아라야식阿賴耶識'이라고 부릅니다. 쉽게 말하면, '마음(마음심心)'은 흔히 우리들이 사용하는 말로 "영혼, 혼령, 심령" 등으로 불리는 정신의 주체를 말하는 것으로, 즉 육체나 정신의 주인인 것입니다. '아라야식阿賴耶識'에서 '~식識'이라는 것은 모든 것을 인식할 수 있는 분별심입니다.

그러므로 우리의 '마음'은 모든 것을 분별하는 능력과 그 능력을 실천할 수 있는 전지전능한 존재인 것입니다. 또한 '마음'은 '육체'를 떠나서도 존재하며 우주의 어느 곳이든 자유자재로 갈 수 있으니, 우리 인간 생활에 있어서 미치지 않는 곳이 없다고 하겠습니다. 그래서 '마음 먹은대로 된다', '마음먹기 달렸다'라는 말이 생겨났다고 할 수 있겠습니다. 부처님 역시 '일체유심조一切唯心造'라 하신 것이 바로 이것을 말하는 것이라 할 것입니다. 한마디로 마음은 **"온 세상의 전지전능한 주인이자 가장 미천한 하인"**인 것입니다.

우리가 사회에 적응하여 정상적인 생활을 하기 위해서는 마음이 머무는 자리를 알아야 하는데, 그 마음이 머무는 자리 중 가장 근본적인 장소가 바로 육체인 것입니다. 이 육체를 떠나서도 마음이 존재하지만, 우리가 살아 있는 동안에 육체와 마음이 함께 하는 것이니 육체와 마음이 고통과 고뇌의 시간을 보낼 때에는 어느 한 쪽이라도 이상이 있어 균형이 깨지면 정상적인 사람의 구실을 하지 못하게 되는 것입니다.

조상공양도 역시 우리가 살아있는 동안 이러한 육체와 정신의 균형을 찾는 방편이라고 보시면 쉽게 이해 되시리라 생각합니다. 이 육체와 마음에 대하여 알고 있어야 차후 설명하는 조상공양이라는 것에 논리성論理性이 생기게 되는 것입니다. 논리에 벗어나는 것은 허상虛像에 불과한 것이니 반드시 알고 있어야 합니다.

그러면 먼저 마음을 담고있는 그릇이라고 할 수 있는 육체에 대하여 알아 보도록 하겠습니다.

육체는 어떻게 이루어져 있는가?

모든 생명체는 '심식心識(마음)-지地-수水-화火-풍風'의 다섯가지 요소의 작용으로 이루어졌다고 합니다. 이를 간단히 살펴보면,

1) **심식心識** : 육체에 깃들어 있는 마음(영혼, 혼령, 심령)을 말합니다.

2) **지地** : 모든 물질을 견고하게 하여 만물을 성장시키는 바탕이 됩니다.

3) **수水** : 모든 물질 속에 습기를 갖추게하여 생명력을 불어 넣고, 모든 물질을 포용하고 기르는 바탕이 됩니다.

4) 화火 : 모든 물질을 따뜻하게 하여 생명력을 불어 넣고 만물을 성숙하게 하는 바탕이 됩니다.

5) 풍風 : 모든 물질을 움직이게하여 성장하게 하는 바탕이 됩니다.

여기서 '지地 - 수水 - 화火 - 풍風'은 부모의 정혈精血과 함께 육체를 만드는 바탕이 되는 것입니다. 이렇게 만들어진 육체에 '마음'이 주인이 되어 보고, 듣고, 냄새 맡고, 맛보고, 접촉하여 인식할 수 있는 정신기능을 하게 되는 것입니다. 이 육체적 바탕인 '지地 - 수水 - 화火 - 풍風'을 '4대大'라고 하기도 하고 이 4대에서 '5근根', 즉 '안근眼根, 이근耳根, 비근鼻根, 설근舌根, 신근身根'으로 나누어 집니다. 육체를 색色이라고도 합니다.

우주에는 '지地 - 수水 - 화火 - 풍風'의 4대는 마음과 함께 존재하고 있는데, 이를 '건달바(健達縛Gandharva)'이라고 하며, 이 건달바는 출생할 곳이나 인연체를 찾아 헤매다가 그 인연이 가장 가까운 부모나 동물, 사물 등에 안착함과 동시에 없어지는 것입니다.

건달바(사람의 인자)가 안착함

남자-아버지→정자↘ ↓ (인연따라)

　　　　　사람의 인자를 갖춤 → 태아기 → 사람 → 죽음 → 건달바(윤회)

여자-어머니→난자↗

사람에게 안착되었을 경우를 예로들면, 안착된 인연을 '부모'라고 하는 것이고, 다섯 단계를 거쳐서 사람으로 태어나는 것으로 다음과 같습니다.

제1위는 '갈라암위(羯羅藍位kalala)'로서 지수화풍의 4대가 응결하여 부모의 정혈과 합하여져 사람으로서의 출발점인 제일 처음 응결되는 단계로 최초 7일간의 태아기를 말하는 것입니다. 그러니까 최초로 부모의 정자와 난자가 결합한 가운데 7일 사이에 건달바가 진정한 생명력을 불어넣고 없어진다는 것입니다. 우리가 흔히 말하는 아이 갖는 꿈인 태몽을 꾸는 시점도 여기에 해당하는 시점이라고 하겠습니다.

제2위는 '액부담위(額部曇位Arbuda)'로서 제1위의 기간인 7일이 지나면, 엷은 피부가 생겨나는 기간입니다.

제3위는 '폐시위(閉尸位Pesi)'로서 엷은 피부는 좀더 두꺼워지고 혈육이 정상적으로 형성되는 기간입니다.

제4위는 '건남위(鍵南位Ghana)'로서 육체가 더욱 견고해지는 기간입니다.

제5위는 '발라사카위(鉢羅奢佉位Prasakha)'로서 팔다리가 생겨나고 사람으로서 골격이 완전히 갖추어지는 사람으로 태어나기 바로 직전까지의 기간입니다.

이렇게 해서 넓디넓은 우주를 떠돌던 건달바가 사람과 인연하여 부모의 몸을 빌려 사람으로 태어나는 것입니다. 이러한 과정을 설명한 불교의 교리를 '보특가라사상'이라고 합니다. 어렵고 복잡하지요?

다음은 육체의 주인인 '마음'에 대하여 알아보도록 하겠습니다.

마음은 어떤 것인가?

마음은 육체의 주인이면서 육체가 살아있는 동안 육체에 깃들어 있고, 육체가 죽어서도 존재한다고 합니다. 그런데 마음도 그 작용되어지는 것에 따라 달라지는 것으로, 마음을 크게 세 가지로 분류할 수 있는데,

1) **심心** : 심은 온갖 심리작용을 집합하여 생각게 한다는 뜻의 범어로 아라야식(阿賴耶識Alaya, 질다質多)이고, 모든 만물의 가장 근본이 되며, 모든 것을 가능케 하며, 영원불멸하는 윤회의 주체인 '공空의 무아無我의 진리'입니다. 심心은 의意와 식識도 포함하며 그에 영향을 주고 모든 식識의 뿌리가 됩니다. 그리고 과거 전생의 모든 정신적 선행과 악행을 저장하는 창고의 역할을 합니다. 여기에 저장된 기운을 인因 또는 종자種子라고 하는데, 미래의 과보, 또는 결과를 가져올 원인이 되는 것입니다. 이렇게 하여 저장된 종자는 시간에 구애됨이 없이 질서 정연하게 저장되었다가 객관적 여건인 연연을 만나면 그 업력이 발동하여 전에 경험했던 기억이나 행동을 익숙하게 되풀이할 수 있고 거기에서 새로운 지식을 만들어 냅니다. 유교에서는 이 아라야식을 무극無極이나 태극太極으로 표현하고 있습니다.

2) **의意** : 의는 우주의 여러 가지 큰 법칙이나 경전經典을 헤아리고 생각한다는 뜻의 범어로 말나식(末那識Manas, 사량思量 = 집착執着)식이며, 아我의 진리(모든 것이 나만이 그 실체라고 생각하는 자신만의 생각)에 집착하므로 공空의 무아無我의 진리(나의 존재는 모든 것과 평등하게 유지된다는 진리)를 망각하여 인간의 심성(마음)을 오염케 하는 집착심이나 악심惡心입니다. 이 오염된 마음은 공空의 무아無我의 진리를 깨닫기 전까지 죽어서도 영원히 유지됩니다.

3) **식識** : 식은 우주의 여러 가지 큰 법칙이나 경전을 세분화하여 구별한다는 뜻의 범어로 비야남(毘若南Vijnana, 요별了別)을 말합니다. 식은 다시 우리의 육체와 밀접하게 연관되는 마음의 작용으로서 여섯 가지로 분리가 되는데, 살펴보면 다음과 같습니다.

① 안식眼識 : 육체의 안근眼根에 의지하여 빛깔을 대상으로 눈에 보이는 것이 진실한 것인지, 그렇지 못한 것인지를 분별하지 못하고 있는 그대로를 사물을 인식하는 것입니다. 예컨대 잘 익은 수박이 겉은 초록색을 띠나 속은 빨간색인데, 눈에 보이는 초록색으로 속까지 초록이라고 보는 것입니다.

② 이식耳識 : 육체의 이근耳根에 의지하여 귀로 소리를 대상으로 좋은 소리와 나쁜 소리 등을 인식하여 구분하는 것입니다.

③ 비식鼻識 : 육체의 비근鼻根에 의지하여 코로 향기, 냄새 등을 대상으로 좋은 냄새와 나쁜 냄새 등을 인식하여 구분하는 것입니다.

④ 설식舌識 : 육체의 설근舌根에 의지하여 혀끝으로 맛을 대상으로 하여 좋은 맛과 나쁜 맛 등을 인식하여 구분하는 것입니다.

⑤ 신식身識 : 육체의 신근身根에 의지하여 온몸으로 촉감을 대상으로 사물을 식별하는 것입니다.

⑥ 의식意識 : 육체의 5근根인 안근眼根, 이근耳根, 비근鼻根, 설근舌根, 신근身根에서 인식하는 것에 반드시 관여하게 되는 인식입니다.

이러한 대상들을 종합하여 '법처소섭색法處所攝色' 즉, '색色(육체)을 유지케하는 법이다'라고 하는 것입니다. 마음을 심心이라고도 합니다.

다소 어려운 설명인 듯 싶으나 종합적으로 정리하여 보면,

| 불교의 인간구성의 철학적 개념도 |

마음(心)				
	식識	심心	의意	
	비야남毘若南 안근眼根, 이근耳根, 비근鼻根, 설근舌根, 신근身根에서 인식하는 것에 반드시 관여하게 되는 육체를 행동케 하는 인식.	아라야식 阿賴耶識 영원 불멸하는 공空의 무아無我의 진리, 선악의 중도적 입장, 전생의 선행과 악행을 함께 저장함. 모든 식의 뿌리. (근본식) 윤회의 주체	말나식末那識 잘못되고 오염된 인식으로 악업의 주인공으로서 혹독한 윤회생활을 하게 함.	
	건달바 =>	‖ 심식心識 (마음과 육체의 연결고리)의 인연 ‖	<= 건달바	마음과 육체의 기운을 품고 있는 '건달바'가 인연을 만나 사람으로 환생케 함
육체(色)				
		4대인 지地, 수水, 화火, 풍風에서 비롯된 안근眼根, 이근耳根, 비근鼻根, 설근舌根, 신근身根의 5근根을 바탕으로 이루어짐		
지地	수水		화火	풍風

살펴본 것처럼 사람은 식識으로 육체를 움직이고 의意로서 집착이 생겨나 모든 근본의 심心(마음)을 괴롭힌다는 결론을 얻게 됩니다.

심心은 마음, 즉 영혼이 육체와 더불어서 존재하며, 죽어서도 존재한다는 것에 의미를 가져야 할 것이고, 영혼의 존재에 대한 확신이 있다면 조상의 영혼 또한 인정을 해야함은 물론 조상공양에 대하여 확신을 가져야할 것입니다.

그러나 그 마음은 세상사를 살면서 의意에 의하여 부모, 처자, 재산, 사회적 대인관계 등에 집착하는 마음이 생겨나 여러 가지 원인으로 더럽혀지거나 어지럽혀지기 때문에 제대로 세상사를 분별할 수 있는 분별심이 없어지게 됩니다.

이렇게 분별심이 없어지게 되면 스스로 악행을 행한다거나, 남에게 피해를 본다거나, 불의의 사고를 당한다거나, 재물로 고통을 당한다거나, 자식이나 가족에게 고통을 당한다거나 하는 여러 가지 고통과 고뇌에 시달리게 되는 것입니다. 또한 이러한 악행은 아라야식이라 불리는 마음에 고스란히 저장되어 죽어서도 아귀도餓鬼道(조상의 영혼에 봉사하지 않아 지옥에 떨어진 혼령, 이외에도 여러 가지 의미가 있음)의 원혼이 되어 망령亡靈(죽은자의 영혼)으로 나타나기도 하는 것입니다.

그래서 이러한 고통과 고뇌에서 벗어나기 위하여 아라야식이라고 하는 마음의 분별심을 찾고자 하는데, 불교에서는 참선으로 수행을 하여 마음을 닦고, 기독교나 천주교에서는 기도로서 마음을 닦고, 유교에서는 성현의 말씀으로 마음을 닦아 정상적인 사람으로 살아가기 위하여 정성을 다하는 것입니다. 그리고 정성으로 마음을 닦아 초능력의 소유자가 되기도 하고 마음먹은대로 자유자재로운 삶을 살기도 하는 것입니다.

‘죽을 때 마음편하게 죽으려고 하지’라고 말씀하신 예전에 만나 뵈었던 노스님의 생각이 납니다. 이 말씀은 죽어서 마음의 안식처를 찾고자 함이요, 좋은 곳에 태어나고자 하는 좋은 업을 지으려는 것이겠지요. 지금와서 생각하니 노스님은 마음의 실체와 인생의 진리를 꿰뚫고 계셨던 것입니다.

참고로 유교에서는 마음을 혼백魂魄으로 표현하여 혼魂이라 함은 사람이 하늘로부터 받은 양적陽的인 기운이과 백魄이라 함은 땅으로부터 받은 음적陰的인 기운을 말하는 것으로 육체의 생명을 주관하는 것이라고 합니다. 역시 글자의 표현만 틀릴 뿐이지 그 내용은 불교에서 말하는 마음의 실체와 같다고 하겠습니다.

제2장

마음, 영혼, 혼령, 심령은
살아있는 육체에서 어떻게 살아가는가?

사람이 될 수 있는 인자를 유루종자有漏種子라고 합니다. 이 유루종자는 아라야식에 의하여 보존되어지는데, 사람으로 태어나면서 유루종자가 눈에 보이지는 않지만 우리 몸속에 존재하게 되는 것입니다. 유루종자는 곧 생명체입니다. 생명체는 생명을 유지하기 위하여 먹어야 살아갈 수 있는 것이 당연한 이치인데, 유루종자가 사람의 몸에 안착이 되어 한 생명체로서 따뜻한 체온을 유지하고 생명을 이어 나아가게 하는 것을 증명하는 것을 수난식증壽暖食證이라고 합니다.

수난식壽暖食이 중심이 되어 생각하고, 느끼고, 활동하는 모든 것들을 유지하게 하는 것입니다. 여기서 '~식(食, 밥 식, 먹을 식)'이라는 글자를 쓴 이유는 밥을 먹는 것도 식이요, 온 몸으로 느끼는 것도 우리 몸이 느낌을 먹는 것과 같은 의미이고, 글자를 보아 두뇌에 저장하는 것도 밥을 먹는 것과 같은 것이요, 종교활동을 하여 절대자의 말씀을 듣거나 성현의 말씀을 듣고,

책을 통하여 성현의 말씀을 눈으로 익혀 마음에 간직하는 것 역시 밥을 먹는 것과 같이 진리가 담겨있는 성현의 말씀 속의 정신을 먹는 것과 같다할 것입니다. 그래서 '식食'이라는 표현을 한 것이라고 하겠습니다.

한마디로 말하여 살아있는 동안 육체가 먹고사는 것은 음식물이고, 마음, 영혼, 혼령, 심령이 먹고사는 것은 성현의 진리의 말씀인 것입니다. 진리의 말씀을 먹으므로써 육체와 정신이 균형을 이루게 되는 완전한 안식처를 향하여 한 걸음 다가서는 것이라 할 수 있겠습니다.

우리가 배가 부르면 엉뚱한 생각을 한다고들 합니다. 엉뚱한 생각이 나쁜 생각일 수도 있겠지만, 배고플 때의 생각과는 다르게 인생에 있어서 남길 만한 무언가 의미 있는 일이나 즐거운 일을 찾으려고 합니다. 이것도 역시 육체와 정신이 균형이 맞지 않아 발생하는 현상입니다.

먹는 것에 의미를 더 두고 살아간다면 좋게 말하여 미식가가 될 수도 있습니다만, 정신적으로는 바보나 마찬가지의 육체와 정신을 가진 일개 미물과 같아지는 것입니다. 사람으로 태어나기는 넓은 바다에서 눈먼 거북이가 숨을 쉬기 위하여 물위로 떠오르다가 바다에 떠다니던 손바닥만한 널빤지가 머리에 닿는 것과 같다고 하였으며, 깨달음을 얻기 위해서는 사람의 육체가 가장 적합하고 빠른 깨달음을 얻을 수 있다고 하였습니다.

다시말하면, 사람으로 태어나기는 어렵지만 도道를 깨우치는데는 사람만큼 좋은 생명체가 없다는 것입니다. 그렇기 때문에 '신체발부수지부모身體髮膚受之父母'라 했듯이 한번 태어난 이상 자신의 몸을 소중히 아끼고 정신의 수양을 게을리하지 않아야 삶의 참다운 의미를 깨우칠 수 있는 것입니다.

삶의 참다운 의미를 깨우치기란 쉬워 보이면서도 대단히 어려운 일입니

다. 언뜻 삶에 대하여 깨우쳤다고 하는 순간 다시 인생이 무엇인가 하는 회
의감과 의문이 몰려오는데, 이에 대하여 서산대사는 '선가귀감'에서 전하
는데 세상을 꿰뚫어 보고 마음대로 행동할 수 있는 육신통六神通 중에서 오
신통五神通은 할 수 있을지언정 번뇌를 떨쳐버리는 마지막 깨달음의 경지
인 누진통漏盡通은 어렵다고 한 것처럼 삶의 참다운 의미를 깨우치기가 대
단히 어렵다는 것입니다. (육신통六神通이란, ① 천안통天眼通 – 육안으로 볼 수
없는 것을 보는 신통력 ② 천이통天耳通 – 보통 귀로 듣지 못할 음성을 듣는 신통력
③ 타심통他心通 – 다른 사람의 의사를 꿰뚫어 아는 신통력 ④ 숙명통宿命通 – 지
나간 세상의 생사를 자세하게 아는 신통력 ⑤ 신족통神足通 – 또는 여의통如意通
이라고 하는데, 불가사의하게 어느 곳이든 경계를 변하여 나타나기도 하고 마음대
로 날아다니기도 하는 신통력 ⑥ 누진통漏盡通 – 스스로 모든 번뇌를 끊는 능력 등
을 말합니다. 육신통에서의 ~통通은 걸림이 없다는 뜻입니다.)

그러면 마음, 영혼, 혼령, 심령이 정말로 작용하는가 하는 것이 궁금한
데, 그에 관련한 얘기가 있어 소개할까 합니다.

옛날 어느 시골 마을에 흉년이 들었는데, 당시 그 마을에 한 여인이 아기를
낳고 곧바로 죽어서, 홀아비가 된 아기의 아버지가 이집 저집 젖동냥을 다니고
있었답니다. 그러던 중 한 집을 찾아가니 때 마침 출산을 하여 갓난아기를 키
우고 있었다고 합니다. 아기의 어머니는 젖동냥을 하러 찾아온 홀아비를 불쌍
히 여겨 홀아비가 키우는 아기를 흔쾌히 '내가 키워주겠소'하며 받아주었다고
합니다.
그 후 그 여인은 자신의 아기보다 홀아비의 아기에게 젖을 더 물려주고 극진
하게 돌봐 주었습니다. 그런데 이상하게도 그 여인의 아기는 건강하고 튼튼하

게 잘 자라고, 홀아비의 아기는 젖을 더 주는데도 불구하고 야위어 갔습니다. 이를 이상하게 여긴 동네 사람들은 틀림없이 그 여인이 무슨 술수를 쓴 것이라고 하며 좋지 않은 소문을 내고 말았습니다. 그러나 그 여인은 떳떳하게도 홀아비의 아기에게 자신의 아기보다 더 잘해 주면 잘해 주었지, 아기에게 술수를 썼다거나 나쁜 마음을 먹은 적이 없는 결백하고 심성이 착한 사람이었습니다.

여인의 귀에까지 동네사람들의 소문이 들려왔습니다. 여인은 억울하기도 하고 괴이하기도 하여, 하루는 도력이 높다고 하는 스님이 계시는 동네 뒷산의 절을 찾아가 자초지종을 얘기하고 억울함을 풀어달라고 간청하였습니다. 스님은 잠시 고뇌를 하다가 본디 착한 여인인지라 반드시 무슨 연유가 있으리라 생각하고, 그 여인과 함께 여인의 집으로 와서 여인과 아기를 살펴보기로 하였습니다.

그래서 스님은 초저녁부터 방문 앞에서 마음 속으로 염불을 하며 이따금 문틈으로 방안을 엿보고 있었습니다. 그 날밤, 아기 둘은 여인이 가운데 자리하고 오른 편에는 홀아비의 아기가, 왼 편에는 여인의 아기가 누워서 단잠을 자고 있었습니다. 자정이 지날 무렵, 오른 편에 누워 있던 홀아비의 아기가 칭얼거리자 여인은 돌아누워 선잠 속에서 아기에게 젖을 물려주고 다시 잠이 드는 듯 했습니다.

그런데, 방에서는 놀라운 광경이 벌어지고 있었습니다. 그 여인의 아기는 잠들어 있었고, 홀아비의 아기는 젖을 물고 있었는데, 그 여인의 가슴에서 파란 불덩이가 나오더니 등 뒤에 누워있는 자신의 아기 입속으로 들어가는 것이었습니다. 그 불덩이를 머금은 아기는 흐뭇한 표정으로 새근새근하며 단잠을 자는 것이었습니다. 스님은 그 광경을 보고 소스라치게 놀랐으나, 이내 마음을 가다듬고 관세음보살을 되뇌면서 '흐음, 역시 어머니의 영혼은 자기 자식에게

가 있구나' 하며 씁쓸한 미소를 지었다고 합니다. 그 불덩어리는 어머니의 자식에 대한 진정한 속 마음이자 사랑이었던 것이었습니다.

다음 날, 스님은 동네 사람들을 불러 놓고 자초지종을 얘기 해주며 여인의 억울함을 풀어주고 돌아갔다고 합니다. 아무리 옛날 얘기라 하지만, 남의 자식을 자신의 자식보다 더 위한다고 하여도 그 어머니의 마음은 오직 자식에게 있다는 것을 알 수 있는 얘기입니다. 우리들 자신 깊은 곳에 있는 마음은 어느 누구도 모르지만 이미 그 마음은 스스로 알아서 움직인다는 것을 말하는 것일 겁니다.

우리 조상님의 마음도 역시 그 여인의 마음과 같지 않을런지요.
마음, 영혼, 혼령, 심령은 살아생전 삶의 참다운 의미를 깨우치기 위하여 진리의 말씀을 먹고 사는 것입니다. 마음, 영혼, 혼령, 심령을 정신으로 표현하는 점 이해있으시길 바랍니다.

마음, 영혼, 혼령, 심령은
육체가 죽으면 어떻게 되는가?

사람이 죽으면 육체는 처음에 만들어진 요소인 지地 – 수水 – 화火 – 풍風으로 다시 돌아가는데, 사람은 육체에 대한 애착심이 다른 생물도 마찬가지이겠지만 자살하는 경우를 제외하고 대단히 강하다고 합니다. 그런데 안타깝게도 태어나서 성장하고 병들고 죽는 과정을 그 누구도 거스르지 못합니다. 그러기에 누구나 죽음을 두려워하고 초월하려고 합니다. 어떤 종교에서는 영생(永生, 육체가 영원히 사는 것)을 빌미로 신도들을 끌어 모으는 곳도 있고, 오직 정신만을 강조하여 정신세계만으로 영생을 얻어야 한다는 종교도 있고, 마음이 아니면 모든 형식은 물거품이라고 하는 논리를 가진 종교도 있습니다. 결국 모든 교리가 정신세계의 마음을 강조한 논리들입니다.

마음(=영혼, 혼령, 심령)은 육체가 살아 있는 동안에 육체에 잠시 머물다

간다고 합니다. 이것은 마음이 영원불멸하다는 것을 의미하기도 합니다. 이러한 마음은 본래 선하지도 악하지도 않은 중도적 입장의 평등한 지혜로써 죽어서도 계속되어지나 마음, 즉 아라야식에 선행과 악행이 모두 저장되어 있기 때문에 선행의 과보는 선한 결과로써 복을 받게 되는 것이고, 악행의 과보는 악한 결과로써 벌을 받게 되는 것입니다.

과보는 선천적인 과보와 후천적인 과보로 나눈어 지는데, 선천적인 과보는 태어나기전에 이미 마음이 가지고 있는 과보이고 후천적인 과보는 사람으로 태어나 살면서 얻어진 과보를 말합니다.

선천적인 과보 중 선행을 많이 한 마음을 가지고 태어난 사람은 살아생전 복을 누리게 되는데, 그 복은 수행을 하지않으면 일정한 기간이 지나면 끝나버립니다. 그러므로 복을 이어가기 위하여는 수행을 게을리 하지 않아야 하며, 끊임없이 선행을 하며 살아야 하는 것입니다. 어떤 사람이 타고난 복이 많아 그 복력만 믿고 큰소리치고 잘 살아간다고는 하지만 어느날 갑자기 불행한 일을 당할 수가 있는 것입니다.

선천적인 과보 중 악행을 많이한 사람은 살아생전 아무리 선행을 많이하고 지낸다해도 되는 일이 별로 없어 어렵게 고생하며 산다고 합니다. 그러나 수행을 함으로써 선천적 악행의 과보는 점점 없어져서 드디어는 선천적인 악행의 과보를 벗을 수가 있다고 합니다.

후천적 과보는 살아생전에 지은 선행과 악행이 그것인데, 이는 마음 속에 정확히 저장되어 죽어서까지 영원히 없어지지 않아 다음 생에서 다시 그 과보의 업력이 나타난다고 합니다. 요즘은 시대가 빨리 변화하고 있어서 살아생전 지은 과보를 다 받고 죽는다고 말하는 사람도 있습니다. 수행을 게을리 하지 말라는 의미일 것입니다.

그런데 나 자신이 선천적으로나 후천적으로 악행을 저지르지 않았음에
도 불구하고 불의의 재난으로 다른 사람과 함께 죽는 경우도 있습니다. 이
러한 경우를 공업共業이라고 하는데, 세상을 살아나가는 것이 나 혼자만의
삶이 아니기 때문에 더불어 과보를 받는 것입니다. 그러니 누구나 이러한
공업의 과보를 받지 않기 위하여 좋은 나라, 좋은 땅에서 태어남을 소망하
는 것일 겁니다.

그리고 한 가족으로 태어났으면서도 형제지간에 형은 부자로 잘 사는데
동생은 부자로 못 살고, 같은 집안의 동물인데 고양이는 집안에서 키워지
고 개는 밖에서 키우는 등의 차별이 생기는데, 같은 집안에 태어남을 동업
同業이라하며 거기에 차별이 있는 것은 별업別業이라고 합니다.
죽음의 형태도 마찬가지로 수명을 다하여 죽는 사람, 수명은 다하지 못하
고 복력이 다하여 죽는 사람, 수명과 복력이 모두 없어 자신의 명대로 죽지
못하고 자살이나 다른 원인이나 타인에 의하여 죽는 사람이 있습니다. 이
것도 역시 선천적, 후천적 과보 때문인 것입니다.

이러한 삶과 죽음의 형태는 모두 육체에 깃들어 있는 마음이 현재를 살
아가며 후천적 과보나 미래의 다시 이루어질 선천적 과보에 영향을 주는
것이므로 삶이 불평등하다고 하여 자포자기하지 말고 정진 수행하여 자신
의 과보도 씻어내고 선행을 많이하여 다른 사람까지 구제할 수 있는 마음
자세를 가져야 할 것입니다.

선천적, 후천적 과보를 지닌 마음은 육체가 죽으면 삼계三界를 떠돌며
지은 과보에 의하여 삼계 중 한 곳에 나타나는 것, 즉 태어나는 것을 달리
한다고 합니다. 이를 '윤회輪回(육도六道, 즉 지옥, 아귀, 축생, 아수라, 인간, 천
상 중에서 과보에 따라 해당하는 곳에서 윤회한다고 함)'라고 하는데, 삼계三界
에는 첫째, 식욕, 음욕, 수면욕이 강성한 동물이나 사람, 생물 등으로 태어

나는 욕계欲界, 둘째, 욕계와 같은 탐욕은 없으나 미묘한 형체가 있는 색계色界, 셋째, 색계와 같은 미묘한 몸도 없고 순 정신적 존재만 있는 무색계無色界로 나눌 수 있습니다.

예를 들어, 사람으로 태어난 곳이 욕계라고 한다면, 태어나기전의 선천적 과보와 살아생전의 후천적인 과보에 의하여 욕계로 다시 태어나든지 색계나 무색계에 태어나는 것입니다. 좋은 과보를 지어서 삼계 중에 어느 계가 좋다 나쁘다할 수는 없지만, 마음이 자유로운 무색계를 향하여 수행하는 것이 보통일 것입니다.

죽음과 동시에 각각의 지은 과보에 따라 자신에게 맞는 후생의 세계로 가는데, 바로 후생의 육체를 받아 삼계 중 한 곳으로 가는 경우도 있지만, 후생의 육체를 받기전에는 마음만이 존재하여 선천적, 후천적인 과보를 가지고 세상을 살아가는 것입니다. 이렇게 후생에서 삼계 중 어느 세계에도 해당하지 않는 중간 단계를 '중유中有'라고 합니다.

죽음을 맞이한 수행정진을 하지 않은 보통 사람들의 마음은 두려움과 육체에 대한 애착심을 많이 가지고 있다고 합니다. 이미 육체는 죽었는데 애착심을 가진다고 하여 육체가 다시 살아나는 것이 아니므로 속히 육체에 대한 애착심을 버리게 하여야 후생에 다시 태어날 곳으로 가야 하는데, 죽을 당시 주위에 가족이나 친지들이 슬퍼울며 애통해 하면 죽은 육체의 마음은 쉽사리 현세를 떠나지 못하고 주위를 맴돈다고 합니다. 그렇기 때문에 불교나 다른 종교에서는 너무 슬퍼하지 않고 불경을 독송하거나 찬송가를 불러 마음이 육체에 대한 애착심을 버리도록 하는 것입니다.

이러한 것은 모두 중유단계에 있는 조상님의 마음을 위하여 공양을 한다거나 제사를 지내는 것이라 하겠습니다.

제 4 장

마음, 영혼, 혼령, 심령은 죽어서 어떻게 살아가는가?

 **육체가 죽어서** 다음 생에 육체를 받기 전, 삼계 중 어느 곳에도 해당하지 않는 중유中有의 단계를 거치는데, 욕계에 살았던 마음(=영혼, 혼령, 심령)은 후생(내생)에 태어나기 위하여 5~6세의 어린아이와 같은 상태로 살아가며 마음의 형태는 살아 생전 육체의 형태와 같다고 합니다. 우리가 꿈 속이나 비몽사몽(현실도 아니고 꿈도 아닌 그 중간적인 시간과 공간 속)에서 돌아가신 부모님이나 친구, 형제 등을 보게 되면 보통 살아 생전의 모습을 하고 있는 것이 이런 이유 때문이라고 봅니다.

마음이 영원히 없어지지 않는 생명체라고 하였듯이 마음도 생명체로서 먹어야 살아갈 수 있는데, 욕계에 살다가 죽은 마음은 향기를 먹고 산다고 합니다. 마음이 향기를 먹고 살아가기 때문에 향기를 끊임없이 찾아 다닌 다고 합니다. 향기를 먹고 다음 후생에 태어날 곳의 향기를 찾아 다닌다고

하여 붙여진 이름이 '건달바(健達縛Gandharva)'입니다. 그래서 음식을 차려놓고 제사를 지내는 이유가 되는 것이고, 불공을 드릴 때 향을 피워 영혼을 부르는 것이라고 합니다. 또한 욕계에 살다가 죽은 마음은 다른 죽은 사람의 마음과 어우러져 살아간다고 합니다.

건달바는 선업이나 악업을 지닌 마음인데, 살아 생전 선업을 많이 쌓은 건달바는 그 모습의 색깔이 흰색이라고 하며, 악업을 많이 쌓은 건달바는 검은 색이라고 합니다. 여러분들도 꿈 속에서 흰 색의 저고리를 입은 돌아가신 조상님이나 부모님인 경우를 볼 수 있고, 어떤 때에는 검은 색을 입고 있어서 이를 보고 가위가 눌리는 경우를 경험하셨으리라 생각합니다.

역시 살아 생전의 모습이나 지은 과보가 계속적으로 이어지기 때문에 살아있을 때에도 선행을 쌓고 악행을 하지 않으며, 수행 정진하는데 게을리 해서는 안될 것입니다. 이러한 이치에서 조상공양을 한다고 하여도 악업을 많이 쌓은 조상님과 선업을 많이 쌓은 조상님 중에서 어느 조상님이 우리에게 복덕을 줄 것인가는 불을 보듯 자명한 사실로 알 수 있을 것입니다.

우리가 하던 일이 잘못 되었을 때 조상 탓을 한다고 합니다. 위와 같은 이유에서 악업을 행하여 후손들에게 나쁜 영향을 끼치는 조상님에 대한 원망은 인과응보라 할 것입니다.

제 5 장

죽을 때 착한 사람과 악한 사람을 어떻게 구별 하는가?

'아비달마집론阿毘達磨集論'에 말하기를, 선행을 하며 살고 더불어 마음을 수행 정진한 사람은 죽을 때에 발끝부터 서서히 차가워지기 시작하여 무릎, 배, 가슴, 목으로 서서히 차가운 기운이 차올라 마침내는 머리까지 차갑게 식으므로써 육체의 죽음을 맞는다고 하였습니다. 이는 마음이 정결하여 육체에서 마음을 놓아주지 않으려는 것일 것입니다. 생각을 주관하는 머리속의 마음을 육체에서 오래도록 간직하고픈 마음이 작용해서일 것입니다.

다음으로 악행을 일삼으며 마음의 수행 또한 하지 않았을 때에는 죽을 때에 머리부터 차가워져서 서서히 발끝까지 차가워진다고 합니다.

그리고 살아있으면서 선행도 하고, 악행도 하고 마음의 수행도 그다지 열심히 하진 않았지만 마음만이라도 수행하는 자세를 가졌었던 사람은 가슴과 배 부분부터 차가워지기 시작하여 서서히 머리 쪽과 발 끝 쪽으로 차가워지면서 육체에서 마음이 떠난다고 하였습니다.

현실적으로 노인들이 돌아가시려고 하면 누워 계신 상태에서 손을 허리 밑으로 집어넣어 보아 허리가 바닥에 닿지 않았으면 아직 돌아가신 것이 아니고, 허리가 바닥에 닿아서 힘이 없으면 죽음의 첫 단계인 것이다라고 판단하는 방법이 있습니다. 미루어 짐작해 보면 역시 보통사람이 죽을 때에는 배 부분부터 차가워져서 허리가 바닥에 먼저 닿아 죽음에 이르는 것이라고 생각됩니다.

마음은 육체가 죽음으로써 육체를 떠나게 되는데, 어두운 암흑에서 밝은 광명의 공간으로 가는 경우가 있고, 현실의 밝은 광명의 세상에서 어두운 암흑으로 가는 경우가 있다고 합니다. 광명이 있는 곳이 보통 일반인들이 말하는 천국에 해당이 된다고 하며, 어두운 암흑이 있는 것은 지옥이 된다고 합니다.

선업이 많거나 수행 정진하며 선행을 쌓은 사람은 광명이 있는 곳으로 가는데, 광명이 있는 곳은 위를 향한 하늘 방향을 말하는데, 죽을 때에 턱을 치켜들어 얼굴을 하늘로 향하여 평안한 얼굴을 하면 그 사람의 마음은 착한 사람이라고 한답니다. 악업이 많은 사람은 괴로운 얼굴을 하며 얼굴을 옆으로 떨구거나 턱을 당기어 얼굴이 발끝으로 향하게 한답니다. 이러한 판단은 살아 생전의 육체적 삶의 과보만 가지고 판단하는 경우도 해당될 수 있겠지만 삶에 있어서 겉으로 드러나지 않았던 평소의 속 마음의 표현이라고도 볼 수 있다고 하겠습니다. 평소에 진실한 선행의 마음이 중요하다는 것이겠습니다.

다른 경우, 죽음을 맞이한 사람의 마음이 자연이나 사물의 화려하고 청정한 광경을 보았을 경우는 화평한 모습의 얼굴을 하게 되는데, 이는 선업의 결과로 착한 사람에 해당되고, 지나온 과거의 슬프고 괴로운 일들이 파노라마처럼 펼쳐지는 광경을 보게 되는 사람은 악업을 지은 결과로 악한 사람에 해당한다고 합니다.

우리가 죽을 때 부끄럽지 않으려면 살아 생전 선행을 많이 하여 후손들의 공양을 제대로 받아야 하는 것이 조상된 도리이자 책임일 것입니다.

여담으로, 물에 빠진 사람은 세 번을 떠올랐다 가라앉으면 죽는다고 합니다. 물에 빠져 죽은 시체를 수색하여 찾아 냈을 때 물위에 떠 있는 형태가 전부 그렇지는 않겠지만 공통적인 부분이 남자 시체는 물밑을 바라보고 엎어져서 떠 있고, 여자 시체는 물 위를 향하여 하늘을 보고 있다고 합니다. 물론 남녀의 엉덩이나 가슴의 지방질의 분포 등 사람의 체형에 따라 다르겠지만 말입니다.

제6장
죽은 마음, 영혼, 혼령, 심령의 모습은 어떻게 생겼는가?

　　제4장에서도 잠시 말하였는데, 죽어서 육체를 떠난 마음은 검은 색, 흰색의 형태와 살아 생전의 모습 그대로 보여지거나 무형, 즉 형체가 없이 소리로만 느껴지는 경우가 있습니다. 육체가 죽은 뒤에 마음의 생활은 현세에 살았던 생활과 비슷하게 이어져서 꿈에서나 비몽사몽간에 나타나는 모습이 죽기전의 모습과 유사한 경우가 있는 것입니다.

자신과 가장 가까이 지내던 부모, 형제자매, 친지, 친구 등이 오래지 않은 시간에 죽었다면 현실과 같이 일상의 옷을 입고 보이는 경우가 있겠고, 죽은 뒤 오랜세월이 지나면 검은 옷이나 흰 옷을 입고 나타날 수가 있습니다. 자신이 모르는 조상이나 다른 마음들은 대개가 검은 옷이나 흰 옷을 입고 나타난다고 하겠습니다.

　　음성만으로 귀에 들려서 마음의 존재를 나타내는 경우도 있는데, 이는 죽어서 육체에 대한 애착을 완전히 벗어버린 경우의 마음이라 할 것입니다.

보통 서양의 귀신(=마음)들은 검은 옷을 머리부터 발 끝까지 뒤집어 쓰고 나타나는데, 기독교나 천주교에서는 마귀나 사탄이라고 부릅니다. 다시말 하여 악행을 많이 저질러 검은 옷을 입고 나타나는 이치와 같은 귀신인 것 입니다. 우리나라의 귀신들은 보통 머리를 풀어 헤치고 아래 위로 하얀 소 복을 하는 경우가 많은데, 살아 생전 선행을 하였으나 억울하게 죽은 귀신 을 상징한다할 것입니다.

여기서 꿈이나 비몽사몽간에 나타나는 귀신 중 소복을 입었다고 모두 억 울하게 죽은 귀신은 아니고, 귀신을 보는 당사자가 이를 무섭게 느끼느냐, 편안하게 느끼느냐에 따라서 선귀와 악귀를 판단하여야 할 것입니다. 꿈에 조상님 중에서 자신의 앞에 나타났는데, 소름끼치도록 무섭게 느껴졌다면 그 조상의 마음은 악행을 일삼는 악귀라고 보시면 틀림없을 것입니다. 그 래서 조상도 잘 만나야 한다는 말이 여기서 나온 말이 아닌가 생각합니다.

마음, 영혼, 혼령, 심령은 사람으로만 태어나는가?

수행 정진하지 못하고 죽어서 육체를 떠난 마음은 살아 생전 가장 갈구하고 열망했던 물건이나 장소 혹은 사람이나 동식물에 집착을 하게 되는데, 예를 들면 살아 생전 갈증에 시달리던 마음은 물만 보면 뛰어들어 물속에 있는 물고기나 수초 등에 집착을하여 안착하게 되므로 물고기나 수초(물풀)의 몸으로 태어난다고 합니다. 평소에 바람을 많이 피우다가 죽은 마음은 후생에서도 바람을 피우는 사람 몸에 안착을 하게 된다는 것입니다. 평소 꽃을 좋아하는 마음은 꽃으로 태어나기도 하며, 개를 좋아하는 마음은 개로 태어나기도 한다는 것입니다. 그 외에도 모든 생명체나 사물에 집착하는 것이므로 그 고통이 윤회하는 것이라고 하겠습니다.

반대의 경우도 있는데, 남에게 피해를 입힌 사람은 죽어서 그 마음이 피해를 당하는 사람으로 태어난다고 합니다. 예를 들면 전생에 바람피우던 마음은 바람기 많은 배우자를 만나 속썩게 되는 것이며, 도둑질이나 강도

질을 하던 마음은 살아 생전 도둑이나 강도를 당하여 보는 것입니다. 배고 파서 죽은 마음은 배불리 먹는 집에서 태어나는 것이고, 몸 자랑을 하던 마음은 불구의 몸으로 태어나는 고통을 받는 경우도 있다고 합니다.

그런데 선천적, 후천적으로 악행을 많이 하여 이러한 곳에 안착하지 못한 마음도 있는데, 불교에서는 이러한 마음들을 아귀餓鬼라고 합니다. 보통 잡귀雜鬼라고도 불리는 아귀는 살아 생전 악행을 저질렀기 때문에 그 어디에도 마음을 안착할 수 없어서 세상을 바람 부는대로 떠돌아다닌다고 합니다. 아귀는 정신이 허약하거나 허황한 마음을 가진 사람에게 안착을 하려고 하며, 일단 안착을 하게 되면 안착된 사람의 몸과 마음을 괴롭혀 정상적인 생활을 하지 못하게 합니다. 이러한 아귀는 강한 정신력과 수행 정진하여 법력이 높은 수도자를 무서워 한다고 하니 항상 정신력을 키우고 진정으로 수행 정진하는 사람을 가까이 하는 것도 아귀를 피하는 방법이라 하겠습니다.

불교에서 집착이라는 의미가 여러 가지가 있지만, 다른 사물에 대한 집착이 강하면 강할수록 마음의 자유를 얻지 못하여 고통이 반복되는 것이므로 이를 떨쳐버리는 수행을 하라는 것입니다.

이와 같은 마음의 현상들은 역시 수행 정진을 통하여 색신에 얽매이지 않고 자유로운 무색계無色界에 가게 되는 것입니다.

제8장

마음, 영혼, 혼령, 심령은
어떻게 남녀로 구별되어 태어나는가?

사람은 죽으면 지은 과보에 의하여 각자에 맞는 육체나 사물의 몸을 빌어 삼계로 가게 되는데, 삼계로 가기 전의 단계를 중유中有라고 하였습니다. 이 중유단계에 있던 마음(=건달바, 영혼, 혼령, 심령)은 세상을 이리저리 떠돌며 생사를 되풀이(육체없이 마음만 죽고 나고를 반복함) 하는데, 그러한 중유의 마음 중에서 부모에 의지하여 세상에 태어나 사람으로 살아가기를 간절히 원하는 중유의 마음은 남녀가 사랑을 나누고 합궁(성교)하는 곳을 눈여겨 보고 있다가 남자의 정자와 여자의 난자가 결합하는 순간을 놓치지 않고 거기에 안착을 하게 되어 사람으로 태어나기 위한 첫 출발을 하는 것입니다. 이러한 중유의 욕망을 '희취욕希趣欲'이라고 합니다.

그리하여 사랑을 나누던 남녀는 부모가 되는 것입니다. 그런데 어떤 부모는 딸만 낳고, 어떤 부모는 아들만 낳고, 어떤 부모는 아들 딸을 낳는데 이런 이유가 도대체 어디서 발생하는지가 궁금하지 않을 수 없습니다.

중유의 마음은 부모가 될 남녀가 성행위를 하는 순간에 중유의 마음 자신도 성행위의 당사자가 되어 남녀와 같은 희열을 느낀다고 합니다. 그 희열은 남자의 입장 혹은 여자의 입장 중에서 한 쪽의 마음이 되어 느끼기 때문에, 남자의 마음이 되어 여자에 대한 성교의 희열을 느끼는 경우도 있고, 여자의 마음이 되어 남자에 대한 성교의 희열을 느끼는 경우도 있다고 합니다. 특이한 경우 남녀 모두의 입장에서 번갈아가며 희열을 느끼는 경우도 있다고 합니다.

중유의 마음이 남자의 입장에서 여자를 향하여 희열을 느끼게 되면 정자와 난자가 결합한 사람의 인자는 남자로 바뀐다고 합니다. 즉, 아들이 태어난다는 것입니다. 그리고 여자의 입장에서 남자를 향하여 희열을 느끼게 되면 딸이 태어난다는 것입니다. 남녀 모두 번갈아가며 희열을 느꼈다면 아들로 태어났어도 여성스럽고, 딸로 태어났어도 남성스럽다는 것입니다.

이러한 이치는 다음과 같은 공식을 만들어 낸다고 하겠습니다.

중유의 마음 – 남자의 입장 – 여자를 좋아함 – 아들을 낳는다.
중유의 마음 – 여자의 입장 – 남자를 좋아함 – 딸을 낳는다.
중유의 마음 – 남녀 모두의 입장 – 남녀 모두 서로를 좋아 하게함 – 딸 같은 아들, 아들 같은 딸을 낳는다.

이는 어디까지나 사람의 마음이 아닌 중유의 마음이므로 보통 사람으로서는 그 마음을 헤아리기란 대단히 어렵고, 수행 정진한 사람만이 알 수 있다고 하겠습니다.

그래서 이러한 이치로 유추해 보건데, 딸만 있는 집안은 사람으로 태어날 중유의 마음이 남자, 즉 아버지에게 애착심이 많았다고 볼 수 있겠습니다. 아들만 있는 집안은 사람으로 태어날 중유의 마음이 여자, 즉 어머니에게 애착심이 많았다고 볼 수 있겠습니다.

그래서 우리의 조상님들은 아들을 낳기 위하여 여러 가지 방책을 썼는데, 그 중에서 아들 낳는 비법 중의 하나가 쾌청한 날 밤에 보름달을 쳐다보며 보름달의 음기를 품안에 가득 담는 것이었으니 이렇게 하여 아들을 점지 받으려 했던 것일지도 모르겠습니다. 보름달의 음기는 여성을 상징하므로 중유의 마음이 남자의 입장에서 여자에게 애착심이 더 많이 생기도록 하여 합궁할 때에 사람의 인자가 아들로 변하라고 한 것이 아닐까 생각합니다.

어린 시절, 딸이 아버지를 더 좋아하여 따르고, 아들이 어머니를 더 좋아하여 따르거나 아들 딸이 부모 모두를 좋아 하며 따르는 연유도 여기에서 찾아 보면 어떻겠는가 하는 생각을 해 봅니다.

요즘 사회적 관심사가 되고 있는 트랜스젠더 문제도 이러한 관점에서 본다면 남녀 모두가 성적인 쾌락만을 추구하는 세태가 중유의 마음도 바꾸어 놓은 것이 아닌가하는 씁쓸한 생각이 듭니다. 물론 진정으로 남녀가 함께 사랑한 결과는 제외하고 말입니다.

제9장
자살한 마음, 영혼, 혼령, 심령은 어떻게 되는가?

앞에서도 말하였듯이 자살하거나 타살되거나 천재지변에 의하여 죽은 사람의 마음 역시 선천적, 후천적 과보 때문인 것입니다. 이러한 마음들은 과거의 삶에 대한 애착이나 후생에 대한 애착이 대단히 강하여 그 애착욕 때문에 섣불리 삼계를 선택하지 못 한다는 것입니다.

이렇게 죽은 마음은 삼계로 가기 바로 전 단계인 중유의 마음(=건달바)이 되는 것인데, 자살한 마음은 특히 육체에 대한 애착심 보다는 후생에 대한 애착심이 강하므로 후생을 위하여 수행 정진하는 사람에게 빙의(憑依, 여기서는 중유의 마음으로 떠돌던 마음이 사람이나 사물에 빌붙는 것)되는 경우가 많다고 합니다. 빙의는 일시적인 현상이므로 수행 정진하는 사람은 자신에게 빙의된 자살한 중유의 마음을 잘 달래서 삼계로 갈 수 있는 길을 열어 줄 수 있다고 합니다.

제10장

마음, 영혼, 혼령, 심령은 나를 도와주는가?

죽어서 육체를 떠난 마음은 선천적, 후천적으로 악행을 많이 저질러 후생의 삼계에서 태어나지 못한 경우도 있고, 전생에 대한 애착심이 대단히 강하여 후생에 안착하지 못하는 경우도 있습니다. 이러한 경우 모두 마음(=영혼, 혼령, 심령)만 건달바의 형태로 세상을 떠돌게 되는 사람을 괴롭히는 아귀나 잡귀에 속하지만, 이 중에는 사람을 도와주는 선귀善鬼도 있으니 이러한 마음(=영혼, 혼령, 심령)을 악귀와 선귀로 나눠 볼 수 있습니다. 불교에서 말하는 아귀나 잡귀의 개념과는 차이가 있습니다.

아귀(잡귀)의 종류

1) 인연령(因緣靈)

나 자신이 알게 모르게 다른 사물이나 남에게 피해를 입혀 나와 인연을 맺게 되는 피해자가 된 아귀로서 항상 나 자신의 주위를 맴돌며 모든 일에 방해를 놓아 어떤 일이 될 듯하면서도 되지 않게 하는 잡귀입니다. 옛날 어른들은 이런 잡귀를 '고마니(고만이)'라고 하였습니다. 고마니라는 의미는 무슨 일이든 마음 먹은 목표를 달성하게 하지 못하는 것으로 '너는 복이 여기까지이니 이 정도에서 멈춰라'라는 의미입니다. 그래서 하던 일이 꼬이면 '아, 고마니가 붙었나! 재수 없네'라고 하곤 했답니다.

2) 악령(惡靈)

선천적, 후천적으로 악행을 저질러 삼계 중 어느 세계에도 가지 못하고 떠돌아 다니는 아귀인데, 사악한 마음을 가졌으므로 사람을 속여 헛것을 보고 잘못된 생각을 하게 하여 파멸로 이끌고, 결국 죽음에 이르게 하며 악령 자신과 같은 아귀로 만들려고 하는 아귀입니다.

3) 빙의령(憑依靈)

빙의라는 의미는 어디에 빌붙다라는 의미로, 일시적으로 혹은 오랜기간 동안 사람에게 빌붙어서 빙의령 자신의 목적을 달성하기 위하여 온갖 수단과 방법을 가리지 않으므로 빙의된 사람이나 그 가정을 파멸로 몰고가는 아귀입니다. 과거의 좋지 않은 경험들이 쌓여 그 경험들이 성격장애로 나타나는 다중인격多衆人格현상과는 구별됩니다. 마음이 강인한 사람이나 수행 정진하는 사람에게는 빙의현상이 일어나지 않는 것입니다. 동물에게 빌붙어 동물을 괴롭히고 죽이는 경우도 있다고 합니다.

4) 동물령(動物靈)

동물에 의지하여 사람에게 피해를 주는 아귀를 말합니다. 예를 들어 독사에 의지하여 있다가 독사에게 피해를 주거나 놀라게 하지 않아도 사람을 문다든지, 개에 의지하여 사람을 문다든지, 벌에 의지하여 사람을 쏜다든지 하는 아귀를 말합니다.

5) 식물령(植物靈)

나무등 식물에 의지하여 사람에게 피해를 주는 아귀를 말합니다. 예를 들어 나무를 톱으로 자르는데 갑자기 나무가 튕겨져서 사람을 죽이는 아귀를 말합니다. 그래서 산판일(벌목하는 작업)을 하는 사람들은 이런 아귀의 피해를 막기 위하여 산판일을 시작하기전에 산재를 지내는 것입니다. 심마니들이 산삼을 캐기 위하여 산에 오르기 전에 산신께 재齋를 올리는 것도 이런 연유입니다.

6) 무생물령(無生物靈)

생명을 가지지 않은 바위나 돌 등에 의지하여 사람에게 피해를 주는 아귀를 말합니다. 예를 들어 수석을 수집하는 사람이 강가에서 보기 좋은 수석을 집으로 가지고 왔는데, 그날 밤부터 악몽에 시달리고 가위에 눌려 혼수상태에 이르러 사경을 헤매게 하는 아귀를 말합니다. 그래서 옛 어른들은 돌도 함부로 집안에 들이는 것이 아니라고 합니다. 보통 집안에 물건을 잘못 들여놔 동토가 났다고도 하는 것이 바로 무생물에 빌붙어 사람을 괴롭히는 무생물령 때문인 것입니다.

1) 수호령(守護靈)

수호령은 말 그대로 나를 지켜주는 수호신입니다. 수행 정진을 하거나 선행으로 인한 인연이 없어도 나를 지켜주려고 항상 주위를 맴돌고 있는 선귀입니다. 위험이나 좋은 기회를 미리 꿈속이나 환영, 환청, 환각 등을 통하여 보고 듣게 하여 나에게 살길을 알려주는 역할을 하는 선귀를 말합니다.

2) 배후령(背後靈)

내 등뒤에서 나를 조종하고 지켜주는 선귀입니다. 일정한 목적을 가지고 그 목적에 도달하기 위하여 나를 조정하고 길을 안내하는 역할을 하는 선귀입니다. 나 자신이 추구하는 목적과 배후령이 추구하는 목적은 다를 수 있습니다. 예를 들면 어떤 사람이 자신은 대기업의 간부가 되는 목적을 가지고 있는데, 나의 목적과는 다르게 나를 무속인을 만들려는 배후령을 만나 결국 무속인이 되어 대기업 간부보다 더 큰 부와 명예를 얻게하여 무속인으로서의 삶을 후회하지 않게 하는 경우입니다.

3) 지도령(指導靈)

나를 일깨워 주고 지도해 주는 선귀입니다. 주로 예술가나 발명가, 작가 등 감성적이고 감각적인 무의식에 의지하여 창조적 활동을 하는 사람에게 있는 선귀입니다. 평소 생각하지 못했던 아이디어나 발명품, 문장, 그림 등을 생각하게 하여 도움을 주는 선귀를 말합니다.

4) 보조령(補助靈)

내가 하는 일을 알게 모르게 도와주는 선귀입니다. 나 자신이 어떤 일을 하는데 있어서 도움을 주고 무의식적으로 용기를 북돋아 주는 선귀를 말합니다.

5) 인연령(因緣靈)

나와 전생이나 현생에서 인연을 두고 나를 도와 주는 선귀입니다. 예를 들면 조상님, 죽은 가족이나 친지, 친구, 개, 고양이, 나무 등 나와 인연이 있었던 사람이나 생물을 말합니다.

6) 빙의령(憑依靈)

일시적으로 나 자신에게 빌붙어 현재의 삶에서 부귀를 누리게 하는 선귀입니다. 예를 들면 유명한 철학자의 혼령이 빌붙어 유명한 철학자가 되어 보는 경우가 있을 것입니다. 옛날 돈을 많이 벌었던 죽은 사업가의 혼령이 빌붙어 뛰어난 사업 수완을 발휘하여 돈을 많이 벌게 하는 경우도 있을 것입니다.

7) 동물령(動物靈)

착한 사람의 마음이 동물에게 정착한 경우의 선귀입니다. 훈련 받지 않은 동물에게 있는 선귀로써 위험에 처한 사람을 구해낸다거나 위험에 처한 같은 동물을 보살피거나 도와주는 선귀를 말합니다. 예를 들어 술에 취해 묘지에서 잠을 자다가 불길에 휩싸인 주인을 구한 황구라는 개의 경우라든지, 영양이 악어에게 물려 잡아 먹히려는 순간 하마가 구한 경우라든지, 어미를 잃은 강아지를 고양이가 젖을 먹여 키운다든지 하는

경우의 선귀를 말합니다.

새 집을 지으면 터를 지켜주는 터주 령이 자리를 잡게 되는데, 새 집에 들어와 살지 말아야할 사람이 들어와 살려고 하면 못살게 방해를 하여 그 집에 맞는 사람을 살게 하는 선귀이자 악귀입니다. 꿈이나 비몽사몽간에 나타나 내 집에서 나가라고 하든지, 괴이한 소리를 내서 못살게 한다든지, 쥐들이 천장에서 요란하게 뛰어 다녀서 도저히 생활을 하지 못하게 하여 이사를 하게 한다든지, 개미나 벌레가 들끓게 하여 그것을 보고 징그러워서 못살게 한다든지 하는 원력을 가진 악귀이기도 합니다.

그러나 그 집에 맞는 사람이 들어오게 되면 부자로 잘 살게 하는 선귀이기도 합니다. 터주 령은 시기 질투가 많아, 그 집에서 부자로 잘 살던 사람이 좀 더 큰집이나 좀 더 나은 환경의 집으로 옮기려는 계획이나 생각을 하면 반드시 그 집을 망하게 한다는 것입니다. 그래서 이사를 할 계획이 있으면, 우선적으로 살고 있는 터주 령을 달래기 위하여 고사도 지내고 치성도 드리는 것입니다.

집터의 지기(地氣, 땅의 좋고 나쁜 기운)를 판단하는 것을 보통 풍수지리학에서는 양택陽宅이라고 합니다. 이러한 양택에서는 지기가 다 되었다든가 지기가 전도양양하든가 하는 것을 판단하게 되는데, 이러한 것도 역시 터주 령과 무관하지 않다고 봅니다.

이에 관한 옛날 얘기에 터주 령을 잘 다스려 부자가 된 경우도 있어 '傳

統文化의 脈—慶北道敎育委員會 刊'이라는 책자에 실린 글을 약간 각색하여 소개할까 합니다.

『상주시에 천석군이 살았던 집터가 있습니다. 옛날부터 그 집에 살면 천석군이 된다는 소문이 내려오고 있었는데, 그 당시에는 무슨 연유인지 사람이 살지 않는 빈 집으로 남아 있었습니다. 김씨 성을 가진 사람이 그 소문을 듣고 나도 한번 부자가 되 봐야지 하고 그 집으로 이사를 오게 되었습니다.

그러나 이사 온 그날 밤, 잠을 청하려고 하자 아무도 없는 방문 밖에서 괴이하게도 말발굽 소리가 요란하게 들려와 공포에 떨며 잠을 설치고 말았습니다. 다음 날 밤도 어김없이 소리가 들려왔습니다. 김씨는 부자가 되겠다는 욕심은 둘째치고 불안하고 공포스러워 도저히 살 수가 없었습니다. 그런 날들이 계속되자 김씨는 원인 모를 병으로 시름시름 앓게 되어 급기야 세상을 떠나고 말았습니다. 그런 후에 남은 가족들은 부랴부랴 이삿짐을 챙겨 어디론가 떠나버렸습니다. 그런 일이 있은 후에는 누구도 그 집에 들어가 살려고 하지 않았으므로 흉가로 남아 있게 되었습니다.

세월이 흘러 어느 때인가 정씨 성을 가진 담력이 아주 센 사람이 이사를 오게 되었습니다. 역시 이사 온 날밤 괴이한 말발굽 소리는 어김없이 들려왔습니다. 담력이 센 정씨도 얼굴 빛이 새파랗게 변할 정도로 크게 들려왔습니다. 그 때 갑자기 황구(누런 개)가 그 소리에 놀랐는지 크게 몇 번을 짖어대더니 그 자리에서 죽어버리는 것이 아니겠습니까! 이런 광경을 목격한 정씨와 가족들은 내일 아침 동트자마자 당장 이사를 가자고 하였습니다.

그런데 이러한 광경을 가만히 지켜보던 정씨의 노모老母가 놀란 가족들에게 태연하게 말하는 것이었습니다. '지세地勢를 보아하니 말(馬)의 형상이라, 말을 다스리려면 재갈을 물려야 하지.'하며 다음 날 큰 바위를 마당으로 옮겨오게 하였습니다. 그런 이후로는 괴이한 말발굽 소리는 들려오지 않았고, 가운이 점점 트이게 되어 드디어는 천석군이 소리를 듣는 갑부가 되었습니다.

세월은 흘러 노모는 세상을 떠나게 되었는데, 노모가 세상을 떠나자 정씨의 아들이 마당에 있던 바위가 거치적거린다며 대문 밖으로 치워버렸습니다. 바위를 치운 그날 밤, 정씨가 갑자기 죽었고, 그 이후로 이상하게 가세가 점점 기울어져 천석을 하던 논밭을 모두 팔고 어디론가 이사를 떠나고 말았습니다.

그 후 정씨가 살았던 집은 흉가로 남게 되었고 아무도 그 집에 들어가 살려고 하지 않았다고 합니다.」〈자료제공 : 이종완(87년 당60세) 상주시 초산동, 집필자-상주북부초등학교 교사 김 용팔〉

이 이야기에서의 터주 령은 말발굽 소리로 집터를 지키고 있었다고 할 것입니다.

살펴 보았듯이 같은 령(靈, 마음)이라도 인연이나 수행의 정도에 따라 아귀인 경우도 있고 선귀인 경우도 있는 것입니다. 이외에도 무수히 많은 잡귀들이 세상의 어느 곳이든 존재하게 되는 것입니다. '대루탄경大樓炭經'에서는 마을, 사당, 도살장, 묘지, 강, 나무 등 모든 곳에 귀신이 존재한다고 합니다. 잡귀나 귀신, 선신은 모두 마음인데, 우리가 살고 있는 곳 이외에도 우주에 이러한 마음은 가득하다고 할 수 있습니다.

잡귀들은 사람을 시기질투하고 해코지하는 속성이 있으므로 무슨 일이든 꼬이게 하는 나쁜 행동이 있다고 합니다. 그러므로 이러한 피해를 당하지 않기 위하여 제사를 지내 줄 때에도 고수레를 하여 음식을 조금 떼어 주거나 조촐하게 따로 상을 차려 잡귀들을 불러 그 원혼을 달래주거나 천도하는 축원과 염불을 하는 것입니다.

수행 정진하며 선행을 베푸는 삶을 산다면 악귀는 모두 나 자신에게 굴복하는 것입니다.

보통 일이 꼬이거나 잘 되지 않을 때 '마음을 비워야한다'는 말을 자주 듣는데, 가장 우선적으로 해야할 것이 악심(惡心, 남을 증오하거나 죽이려는 마음)을 버리는 것입니다. 그렇게 함으로써 악귀도 접근을 못하는 것이며 육체나 주위에 선귀가 편안히 안착을 하는 것입니다.

마 음 Ⅰ

마음은 큰 바다를 항해하는 조각배 입니다.

마음이 흔들리는 것은 인생에 있어서 파도를 만났기 때문입니다.

파도의 리듬에 몸을 맡기 듯 마음을 파도에 맡겨야 뱃멀미를 안 합니다.

마 음 Ⅱ

진실한 마음 하나면 세상 모든 어떤 가식보다 낫다.

진실한 마음은 표현하지 않아도 알아 볼 수 있다.

마음은 그 누구도 침범할 수 없지만 결국 겉으로 드러나고야 만다.

가지지 못한 자의 마음을 위로할 수 있는 마음이라면,

가진 자가 가지지 못한 자에게 주는 선물 중 그 보다 더 큰 선물은 없다.

물질을 많이 가지면 가질수록 삿된 마음은 더 커질 수 있지만,

선한 마음을 많이 가지면 가질수록 진실한 마음이 생긴다.

삿된 생각으로 세상을 살면 점점 고립되는 것이요,

진실한 마음으로 살면 걸힐 것 없는 자유를 얻는 것이다.

진실로 마음의 자유를 얻는 것이란 삿된 마음을 갖는 것도 아니요,

그렇다고 억지로 진실한 마음을 갖는 것도 아니고,

다만 선행의 마음을 갖는 순간에 얻는 것이다.

선행의 마음은 한 순간일 수도 있지만 영원히 가슴 속에 남는 것이다.

진실한 마음을 같이 한다면 죽음도 두렵지 않는 것이다.

마 음 Ⅲ

모든 것을 인정하는 마음은 모든 것을 볼 수 있는 마음이다.

모든 것을 인정한 다는 것은 모든 것이 세상에 존재한다는 것을 아는 것이다.

삶과 죽음을 안다는 것은 살아 있다는 것과 죽는다는 것을 아는 것이다.

죽음을 두려워하지 않은 것은 모든 것을 인정하기 때문이다.

세상에는 마음이 생각하는 모든 일이 일어나는 것이다.

다시 태어남을 인정하는 것은 죽음의 두려움을 극복하는 것이리라.

세상을 다 가져도 마음을 얻지 못하면 행복하지 못한 것이다.

- 도 담 -

(마음=영혼=혼령=심령)

제11장
7일재, 49재, 100일재란?

육체가 죽음을 맞이하여 삼계三界로 가기전 마음인 건달바는 과거의 삶이 좋았던 싫었던 그 삶에 대한 애착심을 끊기란 대단히 어려운 일이라고 합니다. 그러기에 육체가 죽으면 그 마음은 육체 주위를 떠나지 못하고 아쉬워하며 슬픈 시간을 보낸다고 합니다.

사람이 죽으면 이런 현상이 일어나는데, 살아 생전에 극히 선한 업을 쌓으며 살았거나 극히 악한 업을 저지른 사람은 죽으면서 곧 다음 생을 받게 되며, 과거 삶에 대한 깨우침이나 수행 정진의 정도에 따라 마음은 죽음과 동시에 후생(=내생)에 다시 태어나기도 하지만, 보통 사람들의 대부분은 일정한 기간동안 마음만 머무르기도 하고 다른 사물이나 육체에 다시 태어남과 동시에 죽어버리는 상황이 반복되기 때문에 마음이 허공에 머물러 안착되지 못한다고 합니다. 앞에서도 말하였듯이 이러한 상태를 '중유中有' 혹은 '중음신中陰身', 즉 '중간 단계의 마음', 이라고 합니다.

'대비바사론大毘婆娑論'에서는 중간 단계인 중유의 마음(영혼, 혼령, 심령)이 육체가 죽으면 마음은 삼계 중에서 선악의 구분에 따라 해당 세계에 바로 안착하여 육체를 받는 경우도 있지만, 7일 동안의 기간을 거쳐서 육체를 받는 경우도 있고, 7일안에 육체의 인연을 못 만났을 경우는 그 후로 49일안에 육체를 받는 경우도 있고 혹은 100일안에 육체를 받는 경우도 있다고 합니다. 보통 사람들은 칠칠일七七日, 즉 49일안에 육체를 받아 다시 태어난다고 합니다.

물론 과보에 따라 육체를 받아 안착하지 못하고 계속적으로 허공에서 죽었다가 살아나는 생사를 반복하는 중유의 마음도 있는데, 허공에 머물다가 100일 이상이 지나도 태어나게 될 인연을 못 만날 경우는 허공에 떠도는 잡귀雜鬼로 태어난다고 합니다.

이러한 의미가 있으므로 7일재(七日齋), 49재(四十九齋, 七七日, 七七齋라고도 함. 이 기간을 중음中陰이라고도 함.), 100일재(百日齋) 등은 이미 육체가 죽어서 마음이 떠나야 하는데, 그 마음이 육체에 대한 애착심을 끊지 못하고 자신의 시체나 일가 친척들 주위의 허공에 머물게 되므로 하루 속히 이승에 대한 애착심을 버리게 하고, 악업으로 얼룩진 사람은 악업의 과보를 다소나마 벗게 해주어 다시 좋은 인연을 만나 태어나기를 기원하는 의식인 것입니다. 특히 49재를 하는 기간에는 7일마다 경을 읽고 부처님께 공양(예배라고도 함)을 하는 것입니다.

사람이 죽었을 때, 너무 슬피울면 그 마음이 이승을 떠나지 못하고 방황한다는 것입니다. 그렇기 때문에 경건한 마음으로 죽은이의 마음이 평화로워지도록 경을 읽거나 기도를 하는 것이 좋다고 합니다.

지금까지 마음(=영혼, 혼령, 심령)에 대하여 대강을 알아 보았습니다. 마음을 말이나 글로 표현한다는 것이 무모한 일 일지도 모릅니다. 그러나 이러한 것들을 대강이라도 알아본 이유는 조상공양에 있어서 조상님의 마음을 정확히 아는 것이 무엇보다 중요하다고 생각하였기 때문입니다. 돌아가신 우리 조상님의 마음을 십분 이해함으로써 어떻게, 어떤 마음으로 조상님을 대해야 우리 후손들이 행복하게 살 수 있을 것인가에 확실한 해답을 얻을 수 있으리라 생각합니다. 예를 들어 조상님이 선업을 많이 쌓으신 분이라면 그만큼 후손들의 짐이 가벼워진 상태에서 조상공양에 임할 것이요, 악업을 많이 쌓으신 분이라면 그에 대하여 적절한 방법을 사용하여 조상공양에 임하여야 할 것입니다.

제12장

마음, 영혼, 혼령, 심령이야기

여기에 소개하는 글들은 모두 착한 마음에 대한 이야기
입니다. 지금이나 옛날이나 진실하고 착한 마음은 우리가 상상하지 못하는
일들을 이룰 수 있게 하거나 많은 사람들에게 도움을 줄 수 있는 것입니다.
조상공양의 근본 역시 착한 마음이라고 할 수 있겠습니다.

제 1 화

**진실한 마음만 있으면 개와도 대화를 할 수 있습니다. 하물며
조상님 마음은 어떠하리요.**

필자가 경험한 것을 거짓 없이 옮겨보기로 하겠습니다.

2006년 6월 하순, 무더위가 서서히 기승을 부리며 장마가 시작되던
어느 날 밤이었습니다. 산골이라 밤이면 날벌레들이 불빛을 보고 너나

할 것 없이 날아들기에, 방문에 모기장을 설치해 놓고 도심 속에서는 느끼지 못하는 서늘한 밤공기를 맞아 들여 에어컨을 대신하던 밤 이었습니다.

밖에서 부스럭하는 소리가 나서 토방에 있는 불을 살며시 켜 보니 평소에 못 보던 작달막한 개(속칭 발바리) 한 마리가 먹이를 찾는지 연신 주둥이를 땅에 대며 마당을 구석구석 돌고 있었습니다. 자세히 보니 그 개는 새끼 낳은지가 얼마되지 않았는지 젖은 불어 있었으나 언뜻 보기에도 야위어 있었습니다. 나는 평소에도 동물을 좋아했는지라 반가운 마음에 아랫 입술을 안으로 오그리며 혀를 놀려 밥 먹는 소리로 그 개를 불렀습니다.

그러자 그 개는 나를 발견하고는 꼬리를 뒷다리 사타구니에 감추고 쏜살같이 어둠 속으로 사라졌습니다. 뉘 집 개 이길래 새끼를 낳았는데도 먹이를 제대로 주지 않았나 생각하며 토방에 한 사발 놓아 둔 개사료나 먹고갈 것이지 하고 안타까운 마음으로 잠을 청하였습니다.

다음 날, 그 개는 다시 찾아와 토방에 한 사발 놓아 둔 개사료를 발견하고 허겁지겁 먹고는 대문 밖으로 사라졌습니다. 나는 그 개가 사람에 대하여 경계심이 대단하구나라고 생각하고, 며칠이고 오면 오나 보다 가면 가나 보다 하고 무관심한 척하며 개사료를 먹게 놔뒀습니다.

내가 개는 키우지 않으나 토방에 개사료를 한 사발씩 담아 놓는 이유가 있었습니다. 일전에 뒷산으로 등산을 하고 내려오다가 뒷다리 하나가 부러져서 세 다리로 겅중겅중 따라오던 말티즈 종류의 개가 있었습니다. 그 개는 사람의 정이 그리웠는지, 아니면 '저를 좀 보살펴 주세요'라는 눈 빛으로 나와 눈을 마주치며 집까지 따라온 것이었습니다.

그렇게 인연이 된 그 개를 정성스럽게 키워볼 요량으로 먼저 지저분하고 비린내가 진동하는 몸을 정성을 다하여 씻겨 주었습니다. 그리고 시내에 나가 개사료 한 포를 사다가 놓고 밥 찌끼 대신 끼니마다 챙겨 주었습니다.

며칠이 지나 어느 정도 그 개와 정이들 무렵, 개를 데리고 등산을 가게 되었는데, 공교롭게도 그 개 주인을 만나 아쉽지만 그 개를 돌려주게 되었습니다. 그런 후 또 며칠이 지났는데, 그 개는 혼자서 내가 사는 집에 찾아와 꼬리를 흔들며 땅바닥을 몇번이고 구르며 반갑게 아양을 떨고는 다시 자기 주인집으로 돌아 갔습니다. 그 후로 다시는 찾아 오질 않았습니다. 그것이 그 개가 나에게 해준 마지막 작별의 선물이었나 봅니다. 그래서 그 개가 먹다 남은 사료가 남아 있었던 것이었습니다.

사실 나에게 필요없는 먹다 남은 사료를 그 개 주인 집에 가져다 줄 생각도 했으나, 때 마침 집 뒤란 허물어진 굴뚝 속에 고양이가 세 마리의 새끼를 쳐서 올망졸망 자라고 있었기에 그 고양이의 새끼들 먹이로 토방에다 매일 한 사발씩 사료를 떠 놓았던 것이었습니다. 고양이 새끼들 역시 경계심이 많아 인기척이 없을 때에만 나와서 개사료를 먹고 가곤했습니다.

내 집에 찾아 오는 새끼를 낳은지 얼마되지 않아 보이는 그 개는 매일 그렇게 개사료를 먹고 가는 것이었습니다. 다시 며칠이 지난 후부터는 그렇게 그 개가 올 때마다 반갑게 아는 체를 해 주었으나 역시 그 개의 행동은 처음과 달라지는게 없어 보였습니다.

보름이 지났을까, 그 개가 왔기에 문밖을 내다보니 이제 내 얼굴을 익혔는지 꼬리를 살랑하고 한번 흔들어 주는 것이었습니다. 그래서 나는 거기에 대한 화답으로 냉장고에 있던 먹다 남은 어묵과 계란을 그릇에 담아 문 앞에 놔주었더니 그제야 가까이 다가와 맛있게 먹고 돌아가는 것이었습니다. 나는 그 개에게 '나는 너를 절대로 해치지 않을 테니 염려하지 말고 먹을 것 열심히 먹고 가거라.' 라고 말해 주었습니다.

다음날, 그 개가 찾아왔을 때는 '뉘 집개인지는 몰라도 네 새끼들이 보고싶구나' 하고 말하니 꼬리를 살랑 흔들며 두 귀를 뒤로 젖히고 알았다는 표정을 해 보이고 돌아갔습니다. 개에게 건넨 이런 말과 생각이 나 혼자만의 생각이고, 약간 정신 나간 사람이나 할 짓이라고 혼자 중얼거리며 하루를 보냈습니다.

그날 밤은 유난히 더워서 잠을 못 이루다가 새벽녘에야 가까스로 눈을 붙일 수 있었습니다만, 잠결에 강아지 울음소리가 귓전에 스쳐서 꿈인가 생신가 하고 정신을 차려보니 방문 앞 토방에서 들려오는 소리가 분명하였습니다. 이미 동은 터있었고, 시계를 보니 다섯시 삼십분을 가리키고 있었습니다.

그 개는 자신의 새끼들을 데리고 찾아온 것이었습니다. 아직 젖을 떼지 않았으나 아장아장 걷는 귀여운 강아지 네 마리였습니다. 세 마리는 토방에 올라와 이리저리 휘졌고 돌아다니는데, 한 마리는 아직 무녀리라서 그런지 토방을 기어 오르지 못하고 낑낑 소리를 내고 있었던 것입니다. 그 개는 나를 보더니 어제와 다르게 아주 반갑게 꼬리를 치며 마당을 뛰어다녔습니다.

나는 토방에 오르지 못한 새끼를 토방으로 올려 주었습니다. 십여분을 토방에서 노닐더니 그 개는 다시 새끼들을 데리고 대문을 나서는 것이었습니다.

그 개와 새끼들로 인하여 불교에서 살생을 하지 말라는 의미를 비로소 깨닫는 순간이었습니다. 평소 하찮게 여기던 개들도 이렇게 사람의 말 귀를 알아듣는데, 하물며 조상님의 영혼이야 더 말할 나위가 있을까. 육체가 죽어도 마음은 살아 있고, 살아 있는 생명체는 모두 의사소통을 할 수 있을 것이라는 확신을 가지게 된 계기였습니다. 말(言) 속에 사람의 마음이 들어 있음도 말한다 할 것입니다.

이상한 것은 이 글을 세 번을 썼다는 것입니다. 이유인 즉, 처음 한 번을 썼는데 컴퓨터에 입력이 되질 않았고, 두 번째 역시 그랬습니다. 마음(=영혼, 혼령, 심령)의 세상에서 이러한 사실들이 세상에 알려지는 것이 달갑지 않았나 봅니다.

2 물건도 마음이 있습니다.

6.25사변이 일어난 직후 개성 근교에 살던 이씨라는 사람의 여섯 식구 한 가족이 피난길에 올라 천신만고 끝에 다다른 곳이 충남의 어느 산골 마을이었습니다. 열대여섯 가구의 산골 마을에는 언제부터 그렇게 되었는지는 몰라도 오래된 흉가 집이 있었습니다. 동네 사람들은 귀신이 산다고 하여 그 흉가집에 가는 것을 꺼렸고, 산골이라 그런지 대낮에도 흠산한 분위기였다고 합니다.

피난길에 지쳐버린 이씨 가족은 머무를 집을 구하려 했으나 산골의 작은 동네라 그런지 마땅한 곳을 찾지 못하고 동네 사람들이 꺼려하는 그 흉가 집에 들어가게 되었다고 합니다. 이씨는 흉가 집이라 그런지 꺼림칙한 느낌은 들었으나 그래도 맘 편히 묵을만한 장소라고 생각하며 식구들과 대충 주변 정리를 하고 잠을 청하였습니다.

잠을 청하고 얼마가 지났는지는 몰라도 귓가에 또가닥또가닥 하는 다듬이 소리가 요란하게 들려왔습니다. 이웃집에서 들려오는 소리겠거니하고 다시 잠을 청하는데, 다듬이 소리는 멈추지 않고 더 크게 들려왔습니다. 그 당시 시계가 없어서 정확히 몇 시인지는 모르겠으나 새벽이 오기 전 한밤중이었는데, 그 한밤중에 누가 빨래를 다듬는 다듬이 소리를 낼리도 없거니와 다른 집과는 멀리 떨어져 있어 그렇게 크게 들릴 수도 없었습니다.

이씨는 집에 들어오기전 동네 사람들이 이 집을 흉가집이라고 수군대는 소리는 들었어도 설마하는 마음으로 다시 잠을 청하려하자 다듬이 소리는 멈췄고, 옆에서 자고 있던 아내도 그 소리를 들었는지 이씨를 흔들어 깨우는 것이었습니다. 이씨도 알고 있다고 하며, 그 소리가 어디에서 나는 소리인지 알아보자고 하였습니다. 두 부부는 귀를 쫑긋하고 다듬이 소리가 다시 들려오기를 숨죽여 기다렸습니다. 10여분이 지났을까 다시 다듬이 소리가 요란하게 들려왔습니다. 그 소리는 바로 천장위에서 나는 소리였습니다. 두 부부는 크게 놀랐으나 정신을 가다듬고 지금은 너무 어두우니 날이 밝으면 천장을 뜯어보기로 하였습니다.

날이 밝자 이씨는 천장을 뜯고 그 속을 등불로 비춰보았습니다. 놀랍게도 그 천장 속에는 다듬이와 방망이, 바느질 통이 숨겨져있었습니다. 이씨가 동네 사람들에게 이 사실을 얘기하자, 동네 사람들은 그 집에

대한 사연을 얘기해 주었습니다. 그 집이 흉가가 되기 몇 십년전, 그 집
에는 혼자 삯바느질을 하며 생계를 꾸려가던 할머니가 살았다고 합니
다. 할머니는 이팔청춘 젊은 나이에 그 동네로 시집을 와서 남편이 산
에 올랐다가 실족사를 당하여 돌아가시기 전까지 피붙이 하나없이 그
집에 홀로 살았다고 하였습니다.

동네사람들은 그 할머니가 청상과부로 사는 동안 이웃동네 갑부 집
후처로 들어와 살기를 종용받기도 하였으나 그것을 뿌리치고 평생 수
절을 하며 살았다고 합니다. 그래서 그랬는지 몰라도 할머니가 쓰시던
다듬이와 바느질 통이 조화를 부린 것이라고 동네 사람들은 수군거렸
습니다.

그 날 이후로는 다듬이 소리가 들려오지 않았는데, 이씨 부부는 피난
내려와 딱히 가진 돈도 없고 붙어먹을 땅도 없어 살아갈 일이 막막하였
기에 천장에서 찾아낸 아직 쓸만한 다듬이와 바느질 도구를 가지고 삯
바느질을 하기로 결심하고, 이씨는 이웃 동네를 다니며 바느질꺼리나
빨래꺼리를 모아오고 부인과 식구들은 모아 온 옷가지 등을 정성스럽
게 다듬질하고 바느질하여 갖다주고 생계를 꾸려 나갔다고 합니다.

한 해 두 해가 지나고 전쟁이 끝나갈 무렵 이씨는 바느질꺼리와 빨
래꺼리로 모은 돈을 가지고 읍내에 자그마한 포목점을 내어 장사를 시
작하더니 몇 년 지나지 않아 그 읍내에서 제일 큰 포목점을 열어 남부
럽지 않게 살았다고 합니다.

돌아가신 할머니의 마음이 피난 나온 여섯식구를 불쌍히 여겨 그런
일들이 일어난 것이 아닌가 생각합니다. 죽은 이의 마음은 사람이나 동
물에 빙의될 뿐만아니라 평소 아끼고 애지중지하는 물건에게도 깃들지

않겠는가 하는 생각을 해 봅니다. 그래서 그런지 몰라도 어르신들께서 돌아가시게 되면 이승의 모든 인연을 끊게 하기 위하여 평소 쓰시던 물건을 모두 불태우는 것이 아니겠는가 생각을 해 봅니다. (제공자 박○○씨)

제 3 화

3 도깨비터에 얽힌 실화

1960년대 초 부산의 어느 동네에 오래된 일본풍의 흉가 집이 있었습니다. 그 당시 그 흉가 집으로 이사오게 된 김씨라는 사람이 있었는데, 김씨는 부산 근교의 시골에서 손바닥만한 밭을 일구며 생계를 꾸려가다가 좀 더 잘 살아 보려고 부산이라는 대도시로 이사를 하기로 마음먹었던 것이었습니다. 김씨는 우직한 성격에 담력도 있었다고 합니다.

김씨는 가족들을 데리고 그 집에 이사를 오게 되었는데, 그 흉가 집은 방이 세 개가 있는 'ㄱ'자 집이었습니다. 그 당시 그 집에는 전기가 들어오지 않아 호롱불을 켜고 지냈다고 합니다. 이사를 한 후 어느 날 저녁, 호롱불을 켜 놓고 식구들은 둘러앉아 저녁을 먹고 있었습니다. 그런데 난데없이 집 마당에 돌풍이 불더니만 마당에 있던 살림살이들을 휘몰아쳐서 내동댕이 치고 방에 있는 호롱불도 꺼버렸습니다. 김씨와 식구들은 황당한 광경에 놀라 저녁도 못 먹고 무서운 하룻밤을 보냈습니다.

그런데, 그런 일이 있은 이후 매일, 같은 시간에 마당에서 돌풍이 일어나 호롱불을 꺼버리는 것이었습니다. 김씨는 그제서야 그 집이 흉가 집으로 방치된 이유를 어렴풋이 눈치채게 되었다고 합니다.

김씨는 그런 일이 일어나는 그 집이 도깨비터일 것이라는 생각에, 도깨비를 물리치려면 밤에도 대낮같이 밝아야 하고 사람도 많이 거주를 하면 될 것이라는 생각을 하고는 'ㄱ'자 집에 벽돌로 가건물을 이어 붙여 방을 여러개 만들어 사람들에게 값싸게 세를 놓고, 바람이 불어도 꺼지지 않는 후레쉬를 구하여 잠들기 전까지 켜고 잤다고 합니다.

그런 이후로는 가끔 돌풍이 불었으나 날이 갈 수록 잠잠해져서 평안한 집이 되었고, 김씨의 자재들도 모두 공부를 잘하여 한 아들은 약대를 나와 약국으로 성공하였으며, 또 한 아들은 건설업으로 대성공을 이루어 잘 살고 있다고 합니다.

김씨가 나중에 안 얘기는, 그 집은 우리나라가 일제 시대때에 일본인 가족이 살았다는데, 해방이 되어 일본인들이 본국으로 돌아가는 날, 그 집에 살던 일본인 가족은 무슨 연유에서인지는 몰라도 총으로 동반자살을 하였다고 합니다.

그 집에서 자살한 일본인의 영혼이 끝까지 그 집을 지키려고 돌풍을 일으켰던 것이 아닌가 생각해 봅니다.

이에 관한 귀신불 놓기 풍습이 전해내려 오고 있는데, 조선 명종 때부터 상주군 중동면 회상리 횟골에서는 매년 정월 열 엿새날 해가 지고 어둠이 깔릴 때가 되면 집집마다 문 앞에다 왕겨에 불을 놓아 연기를 내고, 타원형 대바구니를 삽짝문에 걸어 두어 온갖 잡귀신이 집에 들어오는 것을 막았다고 합니다. 그러나 불이 꺼지고 한 밤중이 가까워지면 악귀가 몰래 들어와서 잠을 자는 사람의 신발을 신어 보고 맞는 신발이 있으면 그 사람을 잡아간다는 속설 때문에 이 날 밤은 누구나 신을 엎어 놓고 잠을 잤다고 합니다. 여기서 알 수 있듯이 소위 도깨비나 귀신으로 떠도는 마음은 불을 싫어 하는 모양입니다. (출처 '傳統文化의 脈-慶北道敎育委員會 刊)

4 마음을 움직여 미래를 내다보던 격암 남 사고 선생이야기

울진 지방에 내려오는 설화로, 격암格菴 남사고南師古 선생은 퇴계退溪 이황李滉선생의 제자였습니다. 하루는 퇴계 선생이 격암선생에게 놀러 왔는데, 격암 선생은 퇴계 선생과 함께 순박재에 오르게 되었습니다. 순박재는 사방을 관망할 수 있고 경치 좋은 누각이 있었는데, 두 사람은 그 누각에서 주거니 받거니 세월을 안주 삼아 풍류를 즐기고 있었습니다.

마침 잉어를 팔러 다니는 장사치가 지나는데, 격암 선생이 샘물을 그릇에 떠놓고 술법으로 잉어를 낚아 채어 그릇에 담아 살점을 떼어 술안주를 삼았습니다. 그런데, 살점을 떼어낸 잉어가 퍼득 거리며 살아서 헤엄치는 것이었습니다. 이를 보고 있던 퇴계 선생이 격암 선생의 사술에 놀라 술 한잔을 기울이며 '이것이 순박재 낚시질이구나'라고 하였다고 합니다.

또한 설화는 임진왜란 때 가토 기요마사(가등청정加藤淸正, 왜장)가 조선에 상륙하여 지도를 그리며 행군하여 격암 선생이 있는 것을 지나게 되었습니다. 이에 격암 선생이 축지법을 이용하여 청정이 온 종일 행군하여도 그 자리를 벗어나지 못하고 한자리에서 빙빙 돌게 하였습니다.

마침내 가토 기요마사는 근처에 의인義人이 있다는 것을 깨닫고 사람들에게 물어서 격암 선생의 사가私家로 찾아 갓다고 합니다. 그 때, 문 밖에서 아이들이 놀다가 가토 기요마사를 보고는 뛰어들어가 가토 기요마사가 왔다고 격암 선생에게 전하였습니다.

이를 본 순간 가토 기요마사는 깜짝 놀라지 않을 수 없었습니다. 아이들까지 이미 자기를 알아보는 것을 보면 격암 선생은 말할 것도 없이 굉장한 임물일 것이라 하여 미리 겁을 먹고 격암 선생을 보자 굴복하였습니다.

그것은 격암 선생이 가토 기요마사가 찾아 올 것을 미리 알고 아이들에게 일러 놓았던 것이었습니다. 가토 기요마사는 다시 행군을 재촉하였으나 어느 고개에 이르렀을 때 아무리 앞으로 나아가려해도 나아가질 못했습니다. 자신은 열심히 걷고 있는데 온 종일 한자리에서만 맴돌고 있던 것이었습니다.

가토 기요마사는 하는 수 없이 격암 선생께 다시 찾아와 머리를 조아리며 제발 보내달라고 간곡히 청하니, 격암 선생이 이르길, '네가 우리나라를 돌려 그린 지도를 내 놓고 가거라!'하고 우리나라 침략을 위해서 그린 지도를 뺏고 난 후 돌려 보내 주었다고 합니다. 그로부터 그 고개를 구곡재(굽벅재, 왜장이 머리를 조아렸다하여 지어진 이름)라 하였다고 합니다.

이후 격암 선생이 돌아가시기 직전의 이야기로, 울진에서 3Km 떨어진 수곡 마금이란 곳에 격암 선생이 구천 통곡한 묘가 있는데, 누가 보아도 명당이라고 합니다.

유명한 풍수사였던 격암 선생이 후손이 잘 되게 하기 위하여 선친의 유골을 아홉 번째로 이 곳으로 이장을 할 때, 묘터를 용이 여의주를 희롱하는 형상으로 이루어진 청룡롱주형靑龍弄珠形의 묘터로 골라 잡고 하관을 하고 나니 자욱하던 안개가 저절로 걷혔다고 합니다.

이장을 하는 산역을 하고 있는데, 어디서 왔는지 열 다섯 살 쯤 먹은 아이가 다가와서 밥을 얻어 먹고는 '오늘 내가 밥을 얻어 먹었으니 달구소리를 먹어 보겠습니다.'하는 것이었습니다. 그리고서는 성큼 묘터 위에 올라가서 달구소리를 하는데, '보아라, 남사고야, 남사고야, 청룡롱주형靑龍弄珠形은 알았는데, 소해익수형小孩溺水形이 무슨말인고? 조그마한 어린아이가 물에 빠져 담방담방하는 것을 모르느냐? 구천통곡 웬일인가?'하는 것이었습니다.

그 아이의 달구소리에 놀란 격암 선생이 정신을 가다듬고 묘터를 다시 보니, 정말 소해익수형小孩溺水形이었습니다. 그래서 묘터를 다시 옮길 마음이었으나, 그 당시 법에 왕가에서는 얼마든지 묘를 옮길 수 있었으나 일반 백성들은 아홉 번이상은 옮기지 못하는 법이 돼놔서 다시 옮기지도 못하고 통곡하였다고 합니다. 그 후 그의 선친 묘는 '구천통곡묘'라 불렸다고 합니다.

이 때문에 격암 선생은 자식이 없었다고 합니다. 여덟 번 묘를 옮기는 동안, 격암 선생이 쓴 묘자리는 모두 명당 이었습니다. 욕심이 많아 격암 선생의 눈이 멀었다고 전합니다.

그런 후 격암 선생이 지계 자손이 없었기 때문에 외손자가 격암 선생을 모셨는데, 생존시 격암 선생은 풍수지리에 능했으므로 자신의 묘터를 미리 잡아두고 친척들에게 유언을 하였습니다.

그런데 그 유언으로 한 격암 선생의 묘터가 강물 속의 바위였다고 합니다. 격암 선생이 돌아가시자 친척들은 격암 선생을 그런 자리에 모실 수 없다고 하여 다른 것에 묘를 썼다고 합니다. 결국 격암 선생의 말을 듣지 않았기 때문에 격암의 후손이 번창하지 못하였다고 합니다.

상기의 이야기 내용 중 묘터 이장에 홀연히 나타난 아이는 조상의 인연령因緣靈이 아닌가 생각을 해봅니다. 극진한 조상님에 대한 봉양정신과 후손을 위하는 마음이 인연령을 감동시킨 것인지도 모를 일입니다. (출처 '傳統文化의 脈—慶北道敎育委員會 刊')

제 5 화

5 선행의 마음에 하늘도 감동한 부덕불 이야기

경북 달성군 논공면 노이 2동 비슬산琵瑟山 기슭에 작은 돌미륵불이 있으며 마을 뒤쪽에는 큰 못이 있습니다. 사람들은 이 못을 갈실못이라고 부르며 돌미륵불을 부덕불婦德佛이라고 부릅니다. 이 마을에서는 부덕婦德을 오덕五德이라고 부르는데, 이는 효심, 맵씨, 마음씨, 말씨, 솜씨를 말하는 것이라고 합니다.

약 200여 년전부터 이 곳에서는 함안 조씨들이 많이 모여서 씨족 부락을 이루어 살았다고 합니다. 그 당시에는 이 마을을 '갈실'이라고 불렀다고 합니다.

이 갈실이라는 마을 조씨댁에 한 며느리가 시집을 왔는데, 그녀의 용모는 아름다울 뿐아니라 예의 범절이나 행동거지가 조숙하였으며, 시부모를 공경함이나 남편을 섬김에 온 정성을 다 바치는지라 마을 사람들의 칭송을 한 몸에 받고 지냈습니다.

그러던 어느 해, 이웃 마을에서 시작된 돌림병이 갈실 마을에도 들이닥쳐 조씨댁의 착하고 어진 며느리는 시부모와 남편을 한꺼번에 잃고 말았습니다. 조씨 집안은 처음부터 집안 살림은 넉넉한 편이어서 생활을 꾸려 가는데는 별 지장이 없었으나, 시집 온 지 얼마 되지 않은 때라 자식을 갖지 못하고 혼자 남게 되니, 그 때까지 행복했던 생활이 하루아침에 산산조각이 나 버려 이제는 홀로 외롭고 서러운 신세가 되어 하루하루를 한숨으로 보내게 되었습니다.

그러나 원래 착하고 어질었던 조씨네 며느리는 동네 사람들과 함께 일하며 넉넉한 유산으로 마을의 불쌍한 사람들을 도우며 웃어른들을 섬김에 있어서는 남이 따르지 못할 정도로 온 힘을 다하였으므로 역시 마을 사람들의 칭송이 자자했습니다.

그러던 어느 해, 성주 지방(당시는 성주군 소속이었다고 함)에 가뭄이 들었습니다. 역시 갈실 마을에 있는 못들도 모두 말라버렸고, 비가 오랫동안 오질 않아 인근의 모든 마을 사람들은 하늘만 쳐다보며 비가 내릴 것을 고대하고 있었으나 무심한 하늘은 뜨거운 햇볕만 쨍쨍 내리쬐고 있었습니다.

이 때 조씨네 과부 며느리는 인근 마을 사람들의 애타는 광경을 보다 못하여 조씨 집안에 가보로 내려오던 귀한 은거울을 성주 목사에게 내놓으며 마을에 아주 큰 못을 파서 농사에 도움이 되게 해 달라고 부탁하였습니다. 과부의 마음씨에 감복한 성주 목사는 즉시 대대적인 토목공사를 벌여 못을 파도록 명하였습니다.

목마르게 비를 기다리던 마을 사람들도 모두 힘을 합하여 못 파는 공사는 순조롭게 진행되어 갔습니다. 그런데 못을 거의 다 팠을 무렵, 파고 있던 못 바닥에서 장정 몇 사람이 대들어도 꿈쩍도 하지 않는 큰 돌이 나왔습니다. 사람들은 안간 힘을 다하여 큰 돌을 파내고 못을 더 깊이 파기 시작하자 갑자기 하늘에서 뇌성병력과 함께 폭우가 쏟아지기 시작하였습니다.

못 바닥의 가운데 부분은 아직 덜 파여져 둥근 기둥 같은 흙덩이가 그대로 남아 있었습니다. 그런 상황에 일하던 사람들은 모두가 이상한 일도 다 있다고 하며 수군거리고 있었는데, 바로 그 때, 마을에서 여러 사람들이 뛰어와 하는 얘기가, 조씨네 과부 며느리가 죽었다는 것이었습니다.

평상시와 조금도 다름없이 일을 하고 있던 과부가 뇌성 벽력과 함께 그 자리에서 숨을 거뒀다는 것이었습니다. 그래서 사람들은 은거울을 내어 못을 파게 한 조씨네 과부 며느리의 선행에 하늘이 감동을 하여 그토록 애타게 기다리던 비를 내리게 하였다고 생각하며 과부 며느리의 죽음을 애통해 하였습니다.

그렇게 내리기 시작한 비는 며칠을 두고 계속되어 그 큰 못을 가득채웠습니다. 그리하여 주위의 많은 농토들이 풍족한 물을 쓰게 되었고, 그 해는 큰 풍년이 들었다고 합니다. 이에 마을 사람들은 그 못을 '갈실못'이라 불렀으며, 못 가운데에서 나온 큰 돌에 조씨네 과부 며느리의 모습을 새겨 그 뜻을 기리게 하고, 이를 '부덕불婦德佛'이라고 하였습니다.

이 후 이 곳에서는 이 못 때문에 가뭄 걱정을 하지 않으면서 해마다 풍년 농사를 지을 수 있었는데, 못에는 물을 빼는 물구멍이 두개가 있었는데 물을 빼기 전에 죽은 조씨네 과부 며느리에게 제사를 지내지 않고 물을 빼려하면 못에 살고 있는 구렁이들이 물구멍을 막아 버려 물이 빠지지 않게 했다고 합니다.

그래서 사람들은 해마다 한 번씩, 죽은 조씨네 과부 며느리의 모습을 새긴 부덕불婦德佛에 제사를 지낸다고 합니다. 지금 이 못은 노홍지蘆鴻池라 하며, 부덕불은 못 옆 길가에 세워져 있다고 합니다.

평소 선행으로 덕을 쌓았으나 자손없이 죽은 과부 며느리에게 하늘은 제삿밥을 먹게 해 주었던 것 같습니다.

(출처 '傳統文化의 脈—慶北道教育委員會 刊')

제 6 화

6 효심어린 도깨비 징검다리 이야기

경북 달성군 다사면 동쪽 가장자리의 박곡동과 방천동 사이에 좁은 강을 가로질러 해랑교海娘橋라는 이름이 붙어있는 잠수교가 놓여 있다고 합니다.

오늘날에 보아서는 전국 어느 곳을 가나 쉽게 찾아 볼 수 있는 여느

다리와 조금도 다를 바 없는데, 이 마을에 사는 사람들에게는 애틋한 사연이 담긴 다리로 기억되고 있으며, 이들은 이 다리를 일컬어 '도깨비 징검다리'라고 합니다.

이 다리가 사흘 밤만에 놓였는데, 그 사흘 밤 동안 계속하여 시끄러운 소리가 들리면서 도깨비들이 놓아서 그런지 아무리 심한 홍수에도 떠내려가지 않는다고 합니다. 옛날부터 강을 가로지르는 다리가 수 없이 많았건만 유독 이곳의 징검다리만이 그렇게 많았던 홍수에도 떠내려가지 않고 건재한 것은 이 다리를 도깨비들이 놓았기 때문이라고 마을 사람들은 굳게 믿고 있었습니다.

한편, 이 다리가 놓여져 이어지는 길은 영남 지방에서 한양을 연결해 주는 길목이라 많은 선비들과 백성들이 이 다리를 건너 다녔으며, 강을 이웃해 살고 있는 주민들의 농사 일이나 기타 여러 가지 생활에도 많은 도움을 주었다고 합니다. 따라서 마을 사람들은 이 다리에 얽혀 전해 내려오는 이야기를 즐겨 전하고 있다고 합니다.

옛날 육상 교통이 크게 발전하지 못하여 내륙 지방에서는 수상 교통에 의존하던 시대에 이 곳 낙동강에서도 상류 지방에까지 배가 왕래하였다고 합니다. 부산으로부터 여러 가지 많은 물건들을 싣고 이곳까지 자주 다녔으며 특히 이 강가에 배를 매어 정박시키는 일이 잦아 지금도 이곳을 여진驪津이라고 부릅니다.

소금을 비롯한 여러 가지 생활 필수품들이 많아지게 되니 자연히 사람들이 많이 모이게 되고 장터가 생겨나 상업이 성행하게 되었고, 숙박 업소 등도 생겼을 뿐 아니라 강 양안에는 나루터도 생기게 되었습니다.

그로 인하여 강을 마주한 양쪽 마을은 생활이 풍요로워졌으며 농촌이었으면서도 활기찬 생활을 만들어가는 지역으로 발전해 갔습니다.

그러던 어느 날, 부산을 출발한 소금을 가득 실은 배가 이곳 여진에 당도하게 되었습니다. 많은 사람들이 나루터에 모여 웅성대는 가운데, 배에서 아주 볼품없이 초라하게 차려입은 여인이 딸로 보이는 어린 계집아이 손을 잡고 내리는 것이었습니다.

비록 남루하고 오랜 세월의 풍상에 시달린 듯한 여인의 모습이었으나, 풍기는 자태는 아름다웠고 남부럽지 않은 생활을 누린 듯한 몸가짐을 하고 있었습니다. 그 여인의 사연인 즉, 원래 부산에서 여인은 어부인 남편과 딸이 함께 남부럽지않게 살고 있었는데, 어느 해 고기잡이를 나갔던 남편이 풍랑을 만나 죽게 되자, 어린 딸을 데리고 의지할 곳 없이 이리저리 떠돌다가 이곳까지 흘러오게 된 것이었습니다.

마을 사람들의 도움을 얻어 얼마동안을 지내다가 여인은 마을 어귀에 주막집을 차리게 되었고, 마을 사람들은 딸아이의 이름을 따서 이 주막집 여인을 '해랑어미'라 불렀습니다. 갖은 고생을 하며 여러 곳을 떠돌아 다니던 해랑어미는 마음씨 좋고 인심 좋은 마을 사람들 덕분에 이제는 마음 붙이고 살아갈 자리를 정하게 되었던 것이었습니다.

해랑어미는 장사를 열심히 하면서 이웃 사람들에게도 좋은 일 궂은 일을 가리지 않고 앞장 서서 일한 결과, 동네에서도 인심을 얻게 되어 이제는 고향처럼 정을 붙이고 살게 되었을 뿐만 아니라 생활도 점점 안정이 되어갔습니다.

아직 젊은 나이에 남편없이 혼자 지내기는 가끔 외롭고 슬픈 생각이

들지 않는 것은 아니었으나, 어린 딸 자식을 올바르게 키우기 위하여
주위 어른들의 혼담이나 홀아비들의 청혼도 거절하고 오로지 딸 자식
의 교육과 돈벌이에만 온갖 심혈을 기울이며 지냈습니다.

해랑어미의 성실하고 지극한 생활에 하늘도 감동했는지 해랑이도
아무 탈없이 잘 자라 마음씨도 곱고 인물도 예뻤습니다. 해랑어미도 동
네에서 더욱 더 인심을 얻고 주위 사람들의 칭찬을 듣게 된 데다 장사
도 번창하여 돈을 많이 벌게 되었습니다.

세월은 유수와 같아 어느새 처음 소금배를 타고와 이 곳에 내리던 때
로부터 10여년이 흘렀습니다. 돈을 많이 벌게 된 해랑어미는 이제 주막
집 술장사를 그만두고 그간 모은 돈으로 강 건너에 땅을 사들여 농사를
짓기 시작하였습니다.

남부럽지 않은 농토를 갖게 된 해랑어미는 이제 어였하게 자란 해랑
이의 신랑감을 인근 마을에서 찾아 데릴사위로 맞아들여 혼인시키고
행복한 나날을 보내게 되었습니다.

비록 데릴사위지만 사위를 보아 딸 걱정을 덜게 된 해랑어미는 이제
강 건너 땅에서 농사를 짓는데 전념을 하며 평온한 생활을 하였으나 이
때부터 점점 더 외롭고 쓸쓸한 마음은 커져만 갔습니다.

그러던 어느 날, 농기구를 들고 강 건너 논에 가다가 강 건너 마을에
살고 있는 홀아비 모씨를 만나게 되었는데, 문득 지나간 세월이 생각나
며 다시 한번 자신의 외로운 신세가 떠오르며 눈물을 삼켰습니다.

이렇게 만난 두 사람은 처음에는 서로의 신세 한탄을 하다가 상대방
의 처지를 서로 이해하게 되었고, 그 이후로는 강 건너 논에 갈 때마다

만나 서로 사랑을 나누게 되었습니다. 외로운 사람끼리 자주 만나서 서로를 이해하고 사랑을 나누게 되니 두 사람 모두 새로운 기쁨이 생겼고, 특히 해랑어미는 얼굴 표정이 더욱 밝아져 고된 농사일도 마다않고 부지런히 강을 건너게 되었습니다.

두 사람의 사랑은 더욱 깊어져만 갔으니, 나중에는 남의 눈을 피하느라 밤 중에도 만나기 위해 강을 건너는 것이었습니다.

이제 두 사람은 진심으로 사랑을 하게 되었고 만나는 횟수도 점점 잦아졌습니다. 결혼한 해랑이는 어머니의 잦은 밤 외출을 알게 되어 혼자 궁금해 하던 중, 이 사실을 남편에게 의논하여 그 이후부터 어머니의 행동을 주의 깊게 지켜보았습니다.

드디어 모든 사실을 알게 된 해랑이 부부는 어머니의 외로운 심정을 이해하고 아무것도 모르는 척 어머니를 배려하였습니다. 그러던 중에 비가 많이 와 강물이 불어나 세찬 물살이 흐를 때에는 어머니는 안절부절 못하던 때도 있었습니다.

계절은 바뀌어 가을이 가고 겨울이 오니 날씨가 차가워져 강물이 얼어 붙을 지경이었습니다. 그래도 해랑어미는 그렇게 차가운 강을 치마를 걷고 건너 다녔습니다. 이를 지켜보는 해랑이 부부는 가슴이 아팠습니다. 어린 나이의 딸을 데리고 아무도 모르는 낯선 타향에서 온갖 궂은 일로 고생하시며 10년 넘게 자신을 키워준 어머니의 은혜에 보답하지 못한 것을 항상 마음 속에 간직하던 해랑이는 남편과 상의하여 어머니를 조금이라도 편하게 해드릴 요량으로 다리를 놓아 드리기로 결정하였습니다.

그러나 두 부부가 다리를 놓기란 힘에 벅찬 일이었습니다. 더구나 동네 사람들에게 말 할 수 없는 떳떳치 못한 일 이였기에 누구에게도 도움을 청할 처지가 못 되었습니다. 결국 두 부부의 힘만으로 다리를 놓기로 작정하였습니다.

밤이 되어 어머니가 강을 건너 가신 후에 두 사람은 아무도 몰래 강가의 돌을 주워다가 징검다리를 놓기 시작하였습니다. 사위와 딸의 효성스러운 마음은 강물이 차가운 줄도, 밤이 깊어 가는 줄도 모른채 며칠을 애쓴 결과, 강을 가로지르는 징검다리를 놓게 되었습니다.

어느 누가 놓은지도 모르는 징검다리를 밟고 강을 건너게 된 해랑어미는 강을 편하게 건너다닐 수 있게 되었습니다.

세월이 흘러 해랑어미와 홀아비는 마침내 해랑 부부의 양해를 구하고 재혼을 하게 되었으며 그 들의 생활은 예전보다 더욱 행복하였다고 합니다. 그러나 해랑이 부부는 끝까지 그 징검다리를 자신들이 놓았다고 말하지 않았습니다.

동네 사람들도 며칠 밤 사이에 놓아진 이 다리를 고맙게 건너 다니게 되었으나, 해랑이 부부가 놓은 다리라고는 생각지 못하고 도깨비가 밤에 몰래 놓은 다리라 하여 '도깨비 징검다리'라고 불렀습니다. 단 몇 몇 사람만이 해랑이 부부가 놓은 다리라는 것을 알고 있었을 뿐이었습니다.

이렇게 해랑의 넓은 마음과 깊은 효심에서 놓여진 다리는 홍수가 나도 떠내려가지 않자, 동네 사람들은 도깨비가 놓아서 그렇다고 굳게 믿어 버렸다고 합니다. 이런 까닭에 동네 사람들은 이 다리를 '도깨비 징검다리'라는 이름을 고집하였으나 사실은 해랑이의 효심이 놓은 다리였습니다.

이 후로 새로 다리를 놓게 되었는데, 해랑의 효심을 기리기 위하여 '해랑교'라는 명칭이 붙여지게 되었다고 합니다.

돌아가신 조상님을 공양하는 것 보다 살아계신 부모님께 효도하는 것이 더 값지다는 교훈을 아려주는 해랑교 이야기라고 하겠습니다.

(출처 '傳統文化의 脈–慶北道敎育委員會 刊)

7 마음씨 나쁜 어리비기와 마음씨 고운 사리비기 이야기

옛날 어떤 마을에 홀어머니를 모시고 필삭동이 형 어리비기와 똑똑하고 착한 동생 사리비기가 살고 있었습니다. 집안 형편은, 농사 지을 논밭도 없이 어머니가 품일을 하고 형제는 나무를 해다 팔아서 살아가고 있는 아주 가난한 집안이었습니다.

하루는 어리비기 형과 사리비기 동생이 산에 나무를 하러 갔습니다. 형은 힘이 세고 미련하여 나무만 할 줄 알았습니다. 동생은 가지고 간 활로 꿩이나 새를 잡았습니다. 한나절이 다 되어가자 형 어리비기는 우둔하고 더듬는 말로, '내가 한번 쏘아보자.' 하며 느닷없이 활을 빼앗았습니다. 그래서 동생 사리비기는, 전에도 종종 실수를 하여 활을 망가뜨리거나 짐승을 놓치는 형이였기에, 만류를 하였으나 화를 내며 때리려고 덤벼드는 형의 고집을 꺽을 수가 없어 시위를 당기는 법과 조준하는 법을 가르쳐주며, '형, 그렇다면 형 앞에 무엇이든 어른거리면 쏴야 돼.' 하고는 하던 나무를 계속하고 있었습니다.

한참이 지났는데, 형 어리비기가 헐레벌떡 뛰어오며 '잡았다, 잡았어' 하고 외치는 것이었습니다. 그래서 동생 사리비기는 달려가 보니, 이게 웬일입니까! 산에서 나무를 하고 있는 형제에게 줄 점심을 챙겨서 머리에 이고 오던 어머니를 쏘아 돌아가시게 한 것이 아닌가! 사리비기는 너무도 기가 막혀 '엄마가 돌아가셨어! 형! 어쩌려고 엄마를 쏘았어!' 하고 대성통곡을 하였습니다. 그제사 어머니가 돌아가신 것을 알고 어리비기는 '네가 무엇이든 내 앞에 얼씬하면 쏘라고 하지않았냐!' 하며 훌쩍훌쩍 사리비기를 따라서 울었습니다.

동생 사리비기는 하는 수 없이 어머니의 시신을 지게에 모셔서 산을 내려 오는데, 그래도 형 어리비기가 뉘우친 구석이 있었는지, '내가 지게를 지고 갈께.' 하고는 어머니의 시신을 모신 지게를 짊어지고 산을 내려오게 되었습니다.

산에서 내려오는 동안 동생 사리비기는 어머니를 어디다 모실까, 장례는 어떻게 지내야 하는가 하는 여러 가지 궁리를 하며 먼저 산을 내려 왔습니다. 그런데, 아무리 산밑에서 기다려도 어머니의 시신을 지고 내려오는 형 어리비기는 나타나지 않았습니다.

어느덧 해는 뉘엿뉘엿 서산마루를 붉게 물들이며 넘어가고 있었습니다. 동생 사리비기는 기다리다가 더 이상 지체할 수 없어 다시 산 중턱까지 올라가 보니, 형 어리비기가 빈 지게를 지고 다래를 따 먹느라고 정신이 없어 보였습니다. 동생 사리비기는 황망하기 이를데 없었습니다. 산 중턱 이곳 저곳을 찾아 헤매다가 머루와 다래나무가 엉클어져 있는 덩굴 사이에 버려져 있는 어머니의 시신을 모시고 집으로 돌아왔습니다.

　장례를 치르려니 쌀 한 톨, 베 한 자가 없었습니다. 그래서 궁리 끝에 하는 수 없이 나쁜 짓인 줄 알면서도 어머니의 장례를 치르기 위해 도둑질을 결심한 그 날 밤, 동네에 김부자 집 툇마루 밑에 형제가 몰래 숨어 들어갔습니다. 형 어리비기가 늘 재치없이 굴어서 동생 사리비기는 조마조마하며 마음을 졸이고 있었는데 아니나 다를까, 마침 오줌이 마려워 잠에서 깬 김부자가 툇마루에 놓아 둔 요강에 오줌을 누다가 잘못하여 마루 밑에 숨은 어리비기의 머리위로 떨어진 것이었습니다. 형 어리비기는 '앗 뜨거!' 하며 큰 소리를 내는 바람에 형제는 김부자에게 붙잡히게 되었습니다.
　다행히 김부자는 인심이 좋을 뿐아니라 잘못을 깨달은 사리비기의 딱한 사정을 듣고 팥 몇 되와 쌀 한 말, 그리고 삼베 두어 필을 주어 어머니의 장사를 치르라고 일렀습니다.

　형제는 집으로 돌아와 팥을 갈고 쌀을 씻어 팥죽을 쑤는데 동생 사리비기는 형 어리비기에게 '팥죽에 눌지 않게 열심히 젓기만 해.'라고 당부를 해 놓고 다른 일을 보러 나간 사이에 장난끼가 있는 동네 아주머니가 불씨를 얻으러왔다가 다 된 죽을 열심히 젓고 있는 어리비기에게 '어리비기야, 팥죽이 너를 보고 욕하네. 어미 죽인 등신아 북쩍북쩍.' 하며 놀려댔습니다.
　그러고 보니 솥에서 팥죽이 끓고 있는데, 정말 '북쩍북쩍' 하는 소리를 내고 있는 것이었습니다. 못난 어리비기는 그만 화가 머리 끝까지 치밀어 한 솥 가득 끓고 있는 팥죽을 온 마당에 퍼내어 버렸습니다.

볼일을 보고 돌아온 동생 사리비기가 이 광경을 보고는 어이가 없어 말문이 막혔으나, 모자라는 형을 어쩔 수 없어 또 새로 팥죽을 끓여 놓았습니다. 이윽고 방과 마당에 손님들이 모여 들었습니다. 동생 사리비기는 손님 접대를 위하여 팥죽을 그릇마다 떠서 형 어리비기에게 주며 '윗 분들부터 드려야해.'라고 일러 주었습니다.

이리비기는 '위'라는 소리를 그대로 받아들여 뜨거운 팥죽을 찾아온 어른들의 머리위에 부어 버렸습니다. 초상집은 난장판이 되었고, 결국 형제는 그 마을에서 쫓겨나고 말았습니다.

그 후로도 형으로 인한 수난이 수 없이 많았지만 동생 사리비기는 늘 순한 말로 달래고 잘 참아 나갔습니다.

이 마을 저 마을로 구걸을 해 가며 남의 처마 밑에서 잠을 자며 겨울을 나게 되었습니다. 주로 어리비기는 사리비기가 얻어 온 음식으로 배를 채웠으나 늘 불만이며 심통이었습니다.

어느 날이었습니다. 형 어리비기는 동생 사리비기를 보고, '오늘은 그 큰 집에 뭉텅연기가 나니 잔치하는 모양이구나. 내가 그 집에 갈테니 너는 초가집 모락연기 나는 곳에 가거라.' 하며 앞장서 갔습니다.

욕심 많은 어리비기는 뭉텅연기가 나는 큰 기와집에 들어가 보니, 마침 그 집은 여름 동안 오래 비어 둔 방을 덮히려고 장작과 청솔가지를 때느라고 연기가 그렇게 시커멓게 났던 것이었습니다.

동생 사리비기는 마침 영감 할멈 단 내외가 맛있는 고깃국을 끓이느라 '모락모락' 연기를 내고 있었기에 고깃국을 잘 얻어 먹고 형 어리비기의 것도 한 그릇 얻어 왔습니다. 어리비기는 또 심통이 났습니다. 그 다음 번에는 자기가 모락연기가 나는 집에 가겠다고 억지를 부렸습니다.

다음 날, 형 어리비기는 모락연기 나는 집으로잔뜩 기대를 하고 들어갔습니다. 그러나 그 집은 삼대 독자 외아들을 잃고 자식의 옷을 하나씩 태우면서 슬피 우느라 동냥을 하러 들어간 어리비기는 거들떠 보지도 않고 연기만 피우고 있었습니다. 한편, 마음씨 착한 동생 사리비기는 뭉텅연기 나는 집으로 들어서자 외동딸 시집 보낸다고 천막 치고 큰 솥 걸어 놓고 소와 돼지를 잡느라고 분주하였습니다. 정말이지 배불리 먹고 형의 몫까지 챙겨다 주었으나 형 어리비기는 끝없이 심술과 욕심을 부리며 동생을 원망했다고 합니다.

어리석고 쓸데없는 욕심을 부리는 자는 이렇게 저렇게 해도 복을 받지 못했던 것입니다. 그러나 착하고 너그러운 동생은 형을 끝까지 지키며 결국 한 마을에 정착하게 되어 잘 살았다고 합니다.

어리석은 사람과 현명한 사람의 사는 법과 선악의 분별을 보여주며, 특히 못난 형을 끝까지 미워하지 않고 우애로써 보살피는 아우의 착한 마음은 현재를 사는 우리에게 많은 것을 생각하게 합니다.

조상님이 우리 후손에게 잘했건 못했건 끝까지 조상님에 대한 공양을 게을리하지 않는다면 반드시 좋은 결과가 있으리라 믿어 의심치 않습니다.

(출처 '傳統文化의 脈—慶北道敎育委員會 刊')

제 8 화

금똥을 누는 강아지

옛날 어느 마을에 효성이 지극하고 참으로 정직한 총각이 홀아버지를 모시고 가난하게 살고 있었습니다.

그러던 어느 해 몹시도 추운 겨울이었습니다. 설 명절은 다가왔으나 양식도 떨어지고 아버지께 드릴 맛있는 음식이나 따뜻한 의복 한 벌이 없었습니다. 너무도 죄송한 총각은 나무라도 해서 방을 따뜻하게 해드릴 요량으로 지게를 지고 산에 올랐습니다.

흰 눈이 온 산과 들을 덮었고 북풍한설의 매서운 바람은 볼을 때렸습니다. 한참을 이리저리 돌아다녀 보아도 할 만한 나무는 없어 보였습니다. 눈 위에 털썩 주저앉은 총각은 '설 명절이 다가오는데 불쌍한 아버지께 무엇을 봉양할꼬…….' 하고 탄식하며 눈물을 흘렸습니다.

그런데 어디선가 '나를 캐 가요. 날 캐 가요~.'하는 어린 아이의 목소리가 들려왔습니다. 이상하게 생각한 총각이 또 한번, '설 명절이 다가오는데 불쌍한 아버지께 무엇을 봉양할꼬…….'라고 되풀이 하자마자 아까와 같이 또렷하게 '나를 캐 가요. 날 캐 가요~.' 하고 화답하는 것이 아닌가요? 그제사 총각은 귀를 기울여 소리나는 곳을 살피니 대여섯 발 건너 조그마한 나무 그루터기에서 나는 것이 분명하였습니다.

총각은 힘을 다하여 어린 나무의 그루터기를 캐기 시작하였습니다. 땅이 꽁꽁 얼어 있어 좀처럼 잘 캐지지 않았습니다. 그래도 땀을 뻘뻘 흘리면서 캐낸 그루터기를 지게에 얹어 집으로 돌아오던 중, 돌다리 밑 도랑에 작은 강아지 한 마리가 떨어져 다리에 피를 흘리며 울고 있었습니다. 총각은 너무도 가엾어 강아지를 건져 품안에 고이 안았습니다. 강아지는 발발 떨며 신음소리를 내었습니다.

집으로 돌아온 총각은 강아지의 다친 다리를 치료해 주며, 따뜻한 구들목에 이불을 덮어 주고 지성껏 보살폈습니다. 그런데 이상한 것은 방은 따끈따끈 더워 오는데 부엌 아궁이에서 벌써 다 타서 재로 변해 있어야할 작은 그루터기는 그대로 불꽃을 내며 타고 있었습니다. 그 다음 날도 그 다음 날도 그냥 그렇게 불꽃을 내며 타고 있었습니다.

다친 강아지도 차츰 나아져 갔습니다. 가난하지만 착하고 아름다운 마음씨를 가진 총각부자의 지극한 보살핌의 덕 이였습니다.

그러던 어느 날 강아지가 갑자기 방안을 뱅뱅 돌면서 '깽 깨갱, 깽 깨갱' 하면서 몹시 아픈 소리를 냈습니다. 총각과 아버지는 깜짝 놀라서 어디가 아픈지 알 수가 없었으므로 이불을 덮어 주며 안아 주려고 했습니다. 그런데 강아지는 용을 쓰며 똥을 누기 시작했습니다. 데리고 온 뒤 처음으로 보는 용변이라 냄새가 고약할 텐데 냄새가 전혀 없는 똥 모양의 금덩어리였습니다.

두 부자父子는 너무나 놀라고 기뻐서 어쩔 줄을 몰라 했습니다. 금덩어리를 눈 강아지를 쓰다듬고 끌어 안으며 고마운 눈물을 흘렸습니다. 강아지도 자신을 살려준 은혜에 보답한 보람으로 자신을 안고 있는 주인의 손을 정성스럽게 핥아 주었습니다.

갑자기 부자富者가 된 총각부자父子네 집의 이러한 얘기는 삽시간에 소문으로 온 마을에 퍼졌고, 이웃 동네에 욕심 많고 심술궂은 사람이 이 소문을 듣고는 그 날로 강아지를 도둑질 해 가버렸습니다. 그리하여 총각부자는 강아지를 잃은 슬픔에 잠겼습니다.

한편, 강아지를 훔쳐간 심술쟁이는 강아지에게 안 먹겠다는 밥을 억지로 먹여서 금똥 누기를 기다렸으나 아무 반응이 없자 강아지를 팔아 강아지 판 돈이라도 챙기기로 하였습니다.

심술쟁이는 강아지를 이 동네 저 동네에 끌고 다니며 '금똥 누는 강아지 사세요~!' 하며 외치고 다녔습니다.

마침 어느 동네를 지나며 강아지를 판다고 하니, 그 동네에서 제일가는 부자가 선뜻 강아지를 사겠노라며 많은 돈을 줄터이니 강아지를 팔라고 심술쟁이에게 흥정을 해왔습니다. 부자와 심술쟁이가 흥정이 끝나가 강아지와 돈을 맞바꾸려는 순간 강아지가 온 방안을 헤매며 '깽 깨갱, 깽 깨갱' 하며 아픈 소리를 냈습니다.

심술쟁이는 '옳지 됐구나. 이젠 강아지가 금똥을 누나보다.' 하며 깨끗한 이불을 펴 놓고 강아지를 그 위에 올려 놓았습니다. 그러자 강아지는 고약한 냄새와 함께 푸짐한 물똥을 이불에 싸 놓았습니다. 주위에 구경나온 동네 사람들과 부자집 식구들도 코를 싸매고 진저리를 쳐댔습니다.

심술쟁이 강아지 도둑은 사람을 속인 죄로 볼기를 맞고 오히려 돈을 물어 주어야 했으며 신기한 강아지는 그틈에 어디론가 사라졌습니다.

선량하고 효성이 지극한 사람은 하늘에서 복을 내리고 쓸데없는 욕심을 가지면 벌을 받는다는 단순한 인과응보의 이야기이지만, 사서삼경四書三經 중 예기禮記의 핵심 내용도 역시 '진실한 마음' 이듯이 이 이야기도 마음의 진실성과 순수성을 강조한 것이라고 하겠습니다.

조상공양 역시 나 자신의 과욕은 금물이며 어디까지나 순수하고 진실된 마음에서 이루어져야 할 것입니다.

(출처 '傳統文化의 脈—慶北道敎育委員會 刊')

9 소금장수 이야기

옛날 한 소금장수가 있었는데 지게에 소금을 잔뜩 지고 이 마을 저 마을로 돌아다니면서 몇 날 며칠이고 소금을 팔고 다녔습니다. 하루는 온 종일 장사도 잘 안되고 애만 쓰고 다니는데 해는 서산으로 넘어가고 사방이 어두워져 버렸습니다.

한 되라도 더 팔아 볼 욕심으로 길을 재촉하다 보니 너무 산중으로 들어 온 것이 탈이었습니다. 길도 잘 분간할 수가 없어서 소금장수는 겁이 더럭 나고 소금지게를 진 다리의 오금은 저려왔습니다. 그 때 멀리 희미한 불빛이 눈 앞에 나타나는지라 그 집을 찾아 갔습니다.

소금장수가 그 집 앞에서 주인을 부르니 젊고 고운 여인이 등불을 들고 나타나 '뉘시기에 이 밤 중에 어인 일 이십니까?' 하고 물었습니다. 소금장수는 '지나가는 소금장수인데, 산 중에서 길을 잃어서 그러니 하루만 유할 수 없겠는지요.' 하고 하룻 밤 묵어 갈 것을 여인에게 간청을 하였더니 흔쾌히 허락하였습니다.

그 여인은 소금장수를 건너방으로 안내하고 밥상을 차려 대접하였습니다. 소금장수는 저녁을 배불리 먹고 나니 하루종일 먼길로 시달리고 지친 몸은 저절로 잠에 빠져들었습니다.

　얼마나 잤는지 몰라도 밖에서 인기척이 나서 깨어보니 사방은 칠흑같이 어두웠고 삼경은 족히 되는 것 같았습니다.

　그 때 문밖에서 여인의 목소리가 나직이 들려 왔습니다. '곤한 잠을 깨워 죄송합니다. 다름이 아니오라 저희들은 사정이 있어 재물도, 벼슬도 버리고 이 산중에 숨어 살며 화전을 일구고 사옵는데 오늘은 백리 밖 장터에 남편이 갔사온데 아직까지 돌아오질 않고 있으니, 필시 오시다가 모진 봉변을 당한 것이 분명한 것 같사옵니다. 그래서 저와 손님께서 함께 남편을 찾아 나가 보는 것이 어떻겠습니까.' 하며 소금장수에게 은근히 부탁을 하는 것이었습니다. 이 말을 들은 소금장수도 명색이 사내 대장부인지라 안 따라간다고 할 수가 없었습니다.

　여인과 함께 등불을 앞세워 고개를 넘고 산 모롱이를 돌아 들었을 때, 바람이 스산하게 불어 마른 잎사귀 부딪는 소리가 깊은 밤의 공포를 한층 더해 주었습니다. 그 때 저 앞 쪽에서 '부스럭 부스럭, 훌쩍 훌쩍' 하는 소리와 함께 피비린내가 진동하며 횃불같은 불덩이 두 개가 번쩍번쩍 움직였습니다.

　분명히 호랑이가 사람을 잡아 먹는 광경이었습니다. 여인은 두려움도 없이 앞으로 나서며 '후이 후이! 썩 물러가라!' 하며 등불을 휘저으며 큰 소리로 사람을 나무라듯이 호통을 치며 차츰차츰 가까이 다가갔습니다.

　처음에는 호랑이가 꿈쩍도 않더니 거듭되는 등불의 번득임과 큰 소리에 어슬렁거리며 물러갔습니다. 호랑이에게 뜯긴 사람의 형체는 참혹하기 이루 말할 수가 없었고 피가 낭자하게 흘러 있었습니다.

그래도 여인은 지극히 태연했습니다. 남편의 시체를 거두며 '아이고 아이고' 하며 곡을 하였습니다. 한참을 울고 나더니 여인은 '소금장수 양반! 시체를 지킬겠소? 집에 가서 거적대기를 가져오겠소?' 하고 말하는 것이 었습니다.

소금장수는 그야말로 진퇴양난에 빠졌습니다. 혼자서 시체를 지킨다고 할 수도 없고, 그렇다고 칠흑같은 어둠 속으로 집에 가서 거적대기를 가져올 수도 없는 노릇이었습니다.

아무 말도 못하고 엉거주춤하고 있자니 사내 대장부 체면이 말이 아니었습니다. 여인이 다시 근엄하고 당차게 재촉하니 소금장수는 할 수 없이 '집에가서 거적대기를 가져오겠소.' 라고 간신히 말하고 왔던 길을 되짚어 깜깜한 밤길을 넘어지고 부딪히며 겨우 집에 당도하여 문안에 들어서는 순간 너무 긴장해서 그랬는지 기절하고 말았습니다.

얼마가 지났는지 소금장수가 정신을 차려보니, '휴우'하는 소리와 함께 여인이 남편의 시신을 치마폭에 담아 안고 대문안으로 들어서는 것이었습니다. 그럭저럭 날이 뿌옇게 새었습니다.

날이 새고 소금장수는 여인이 시키는 대로 이 일 저 일을 거들어 주며 여인의 남편 장례를 무사히 마쳤습니다. 그로부터 며칠 뒤, 소금장수가 여인에게 제안을 하였습니다. '이제 주인 양반도 안 계시니 이 산중에서 혼자 어찌 사시겠소? 나와 함께 인가로 내려가서 사는 것이 어떻겠소?' 하고 권하였으나 여인은 '아직은 여기서 살터이니 걱정말고 소금장수 양반은 집으로 돌아가시지요.' 하며 정중히 거절하였습니다.

하는 수 없이 소금장수가 소금지게를 지고 작별인사를 하며 대문을 나서려는데, 그 사이 여인은 소복을 단정히 차려입고 마루에 서서 '그 사이 수고 많았소.' 하고 치하를 하고는 꽤나 무거운 엽전 꾸러미를 내 주었습니다.

소금장수는 뜻밖의 호의에 너무 감사하고, 아름다운 여인을 혼자 두 고 떠나기가 못내 안타까웠으나 눈물을 머금고 그 집을 떠나 왔습니다. 떨어지지 않는 발걸음으로 고개까지 올라 지게를 받쳐놓고 고개 마루 턱에 앉아 그 집을 내려다 보았습니다.

그런데 이게 웬일입니까! 갑자기 불꽃이 일며 화염이 그 집을 애워싸 는 것이 아니겠습니까! 소금장수는 놀라 일어서는데, 불이 활활 타고 있는 지붕 위에서 하얗게 소복한 그 여인이 손을 흔들며, '소금장수 양 반이여! 소금장수 양반이여! 나는 여기서 죽소, 잘 가시오!' 하며 타오 르는 불길 속으로 파묻혀 갔습니다.

소금장수는 참으로 절개가 곧고 용기있는 여장부의 행실이라고 생 각하며 감격에 찬 눈으로 넋을 잃고 바라보다가 겨우 정신을 차리고 자 기 집으로 돌아왔는데, 며칠 사이에 폭삭 늙어서 집안 사람들이 몰라 볼 정도로 변해있었다고 합니다.

조상공양을 하는데 있어서는 삿된 마음이 없어야 합니다. 사리사욕 을 채우기 위하여 조상공양을 한다면 결코 바람직한 결과는 얻지 못할 것입니다. 이 이야기의 후반에 소금장수가 폭삭 늙어서 돌아 왔다는 대 목은 그 여인과 함께한 시간 동안 혼신魂神을 다바쳤다는 내용일 것입 니다. 역시 삿된 마음이 없는 혼신을 다하는 진실한 마음을 전하는 것 이라 하겠습니다. (출처 '傳統文化의 脈—慶北道教育委員會 刊')

10 | 문경 새재 서낭신城隍神과 최 명길崔鳴吉 대감

영남의 선비들이 한양으로 가는 유일한 통로이자 과거길인 문경 새재에는 경향 각지의 한량과 시인묵객詩人墨客들이 노닐기도 하고 보부상이 넘나들기도 하였다고 합니다. 턱을 떠 받치는 듯한 높은 산과 울창한 숲 사이로 흐르는 맑은 계곡은 녹수 청산과 더불어 가위可謂 천혜의 영산이라 할 만 합니다.

이 문경 새재는 영남과 충청도를 경계하는 도계로 무인지경無人之境 사십리 길이었으나, 지금은 드문드문 농가가 자리잡고 있고 관광지 개발로 도로를 확장하고 위락시설을 갖추고 있습니다.

과거에는 문경읍 상초리에서 충북 연풍까지는 그대로 첩첩 산중일 뿐이었습니다. 이곳 새재에는 전해 내려오는 전설과 민화가 한두 가지가 아니고 애환의 사연이 이루 헤아릴 수 없이 많지만, 그 중에서도 최 명길 대감과 서낭신 이야기는 매우 흥미롭고 후진들에게 전승할 가치가 클 것입니다.

지금도 문경 새재에 오르면 조선왕조 오백년 동안 새재를 넘으며 청운의 꿈을 안고 대장부의 호기로운 야망을 불태우던 젊은 영남 선비들의 발자취가 역력히 살아 숨쉬는 듯 합니다.

문경 새재에는 임진왜란을 비롯한 크고 작은 전란과 사화로 얼룩져 있으며, 한 때는 역신逆臣의 모의처謀議處가 되기도 했고, 때로는 도적의 은신처가 되기도 하였으나, 천혜의 비경 문경 새재는 옛 이름 그대로

아름다운 산수와 더불어 뭇 산새들의 청아한 노래소리가 화음을 이루는 곳이기도 합니다. 각설하고,

이러한 문경 새재를 한양 사대부 집의 젊은 선비 한 사람이 노비도 거느리지 않고 넘게 되었습니다. 이 사람이 바로 후일 정사공신靖社功臣으로 영의정에 오른 최 명길 대감이었습니다.

최 명길은 조선 오백년의 당파싸움 중에서도 가장 당쟁이 치열했던 선조 19년부터 인조 25년에 이르기까지 나라 안팍으로 어려운 사정에 처해 있을 때, 명석한 판단과 능란한 정치 수완으로 외교 역량을 발휘하여 반대당의 갖은 모함과 힐난을 극복하고 신생新生 대 청국과의 화의和議를 주선, 국교를 강화함으로써 나라의 위기를 모면하고 국운을 바로 잡았습니다.

이와 같은 친청정책親淸政策을 반대하는 정적들은 주관이 약하다는 혹평도 하였으나 당시의 상황으로는 어쩔 수 없었고, 후세 사람들은 시운시운을 잘 탄 명 재상이라고 찬양하기도 하였습니다.

이러한 최 명길이 백두(白頭, 벼슬을 하지 못한 사람을 말함)의 젊은 선비로 있을 적에 안동 부사로 있는 외숙을 문안하기 위하여 안동으로 가는 길에 문경 새재를 넘게 되었습니다. 그 때에 한 굽이 길을 걸어가는데 어디선가 갑자기 용모가 단정하고 자색이 아름다운 젊은 여자가 나타나 최 명길의 뒤를 바짝 따라 오면서 애원하는 것이 아니겠습니까?

여인은, '선비님, 이 곳은 너무 험한 산길이라 연약한 여자 혼자서는 넘기가 무서워서 선비님과 함께 동행을 하도록 하락하여 주십시오.'라고 말하는 것이었습니다.

원래 최 명길은 인품이 원만하고 성격이 활달하여 호방하면서도 관대한 편이라 젊은 여인의 애원을 물리치지 않고 동행해 줄 것을 흔쾌히 승낙하였습니다.

그러나 최 명길은 웬지 석연찮은 느낌이 들었으므로 여인과 앞뒤에 서서 함께 걸어가면서도 그 여인의 동정을 유심히 살피고 있었습니다. 앞서 가던 여인도 최 명길의 눈치를 알아차렸는지 뒤를 돌아다 보고 방긋 웃으면서, '선비님이 저를 의심하는 모양이니 저의 정체를 솔직히 말씀드리겠습니다. 저는 사람이 아니고 문경 새재의 서낭신인데 얼마 전 안동에 사는 모 좌수가 한양에 갔다가 안동으로 돌아가는 길에 내 서낭당 앞을 지나면서 문경 사는 이모씨가 서낭신인 나에게 치성을 드리기 위하여 바쳐진 중국 비단으로 만든 저고리를 보더니, 허황한 서낭당에 이렇게 귀하고 값진 비단옷을 바치다니 한심한 일이로다 하면서 나의 치마 저고리를 걷어 가지고 자기 집으로 돌아가 자기 딸에게 입혔으니 이 얼마나 분하고 원통한 일이 아니겠습니까. 이런 고약한 행동을 한 자에게 저는 지금 벌을 주기 위해 그 못된 좌수의 딸년을 죽이러 가는 길이온데, 우연히 선비님을 만나 동행을 청하게 되었습니다.'라고 말하면서 최 명길의 눈치를 살펴 보는 것이었습니다.

최 명길은 속으로 놀라고 두렵기까지 하였으나 대장부의 의연한 자세로 태연자약하게, '사람의 목숨은 하늘에 있는 것인데 죽일 것까지야 없지 않소.' 하면서 관대하게 모 좌수를 깨우쳐 줄 것을 당부하였습니다.

그러자 서낭신은 잠시 아무 말이 없더니 겨우 입을 열었습니다. '선비님은 비록 백두선비이나 미구에 과거에 급제하여 정사공신(인조 반정 때의 공신)으로 장래에는 영의정에 오를 귀한 어르신입니다. 하지만 명나라가 망하고 장차 청나라가 일어날 것입니다. 그리고 불원간 병자호란이 일어나면 왕을 모시고 남한산성으로 피난하여 모든 정세를 파악하시고 청나라와 강화를 주장하여 새로이 건국하는 청나라와 화의를 하여야 할 것입니다. 만에 하나라도 청나라와 화의를 하지 않는다면 선비님은 말할 것도 없고 이 나라는 망하오리다. 나라의 운수가 불길하고 종묘사직宗廟社稷이 풍전등화와 같은 이 나라를 구할 사람은 오직 선비님 한 분 뿐이오니 아녀자의 하찮은 말이오나 깊이 명심하여 주시기 바라나이다. 제가 오늘 서낭신인데 여인으로 현신現身한 것은 선비님께 이 말을 전하기 위함이오니 소홀히 여기지 말아 주시기 바랍니다.' 하고는 여인으로 현신한 서낭신은 어디론가 홀연히 사라져 버렸습니다.

최 명길은 이상히 생각하고 급히 서둘러 길을 재촉하여 안동좌수安東座首의 집을 찾아갔습니다. 예상한 바와 같이 과연 좌수의 딸이 아무런 이유도 없이 급사急死를 하여 온 집안이 발칵 뒤집혀 모두 경황이 없었습니다.

이 때에 최 명길은 아비인 좌수를 찾아 인사를 치른 후, '나는 한양에 사는 의원인데 좌수 어른의 따님이 급사하였다기에 아까운 생명인지라 회생시키려 왔으니 따님의 방으로 나를 안내하시오.'라고 하였습니다.

최 명길이 방에 들어가 보니 과연 문경 새재에서 만났던 그 서낭신이 좌수의 딸의 목을 누르고 있다가 최 명길을 보자 살며시 일어서면서 '이제야 오시나이까.' 하고 얼굴을 붉히면서 인사를 하였으나 그 광경은 최 명길 한 사람밖에는 볼 수 없었습니다.

최 명길은 주머니 속에서 미리 준비한 소합환(蘇合丸, 정신을 맑게 하는 알약)을 꺼내어 급사한 좌수의 딸의 입에 넣고 손발을 주물러 주니 좌수의 딸은 꾀병을 앓았던 사람처럼 금방 소생하였습니다.

그리하여 최 명길은 좌수에게 문경 새재 서낭신을 만났던 자초지종 얘기를 하고 문경 새재 서낭당에서 가져온 물건이 있는가 하고 물으니, 좌수는 깜짝 놀라면서 서낭당에서 비단 치마 저고리 한 벌을 가져다가 딸에게 입힌 사실이 있음을 솔직히 고백하였습니다.

최 명길은 좌수에게 그 치마 저고리를 깨끗한 곳에서 불사르고 정결한 음식을 장만하여 치성을 드려야만 좌수 어른의 따님이 회생하여 후환이 없을 것이라고 일러 주었습니다. 이 말을 들은 좌수는 백배 사례하고 최 명길의 말대로 치성을 드리고 나니 좌수의 딸은 전과 같이 건강하게 회생하였습니다.

이 후, 최 명길은 닦아 온 학문을 더욱 높이 가꾸고 덕을 쌓아 과거에 급제한 뒤 관직이 점점 높아져서 홍문관 대제학(弘文館 大提學)을 거쳐 삼상(三相, 삼정승을 말함. 우상, 좌상, 영상)에 올랐습니다.

병자호란을 당하여서는 중론을 물리치고 국내외 정세를 명석하게 분석 파악하여 북받치는 울화와 치욕을 꿋꿋이 참고 화청정책(和淸政策)을 채택하여 국난을 극복한 사실은 최 명길 대감이 소시(少時)에 문경 새재 서낭신의 계시와 예언을 좇아 허황하게 생각하지 않고 슬기와 인내로 나라를 구해낸 한 예라고 할 수 있을 것입니다.

영남 지방에는 서낭신에 얽힌 민간 설화가 도처에 무수히 산재되어 있고, 또 이를 그 지방 서민들의 토속신앙으로 받들면서 윤리 도덕에 어긋나는 일은 스스로 자제하고 금기하는 생활의 배경으로 삼고 있다고 합니다.

당시 이러한 시대적 배경에도 불구하고 최 명길 대감은 비록 혈기 왕성한 젊은 시절이기는 하나, 사대부가의 명망 높은 자제로서 무시해 버려도 무방할 한 여인의 간원을 경청하고 몸소 확인하고 실천한 것은 남자의 꿋꿋하고 변함 없는 심중을 가히 헤아릴 수 있다고 하겠습니다.

의리와 지조 따위를 아랑곳 하지 않고 목전의 이해 관계에만 급급해 하는 현대인들에게는 고유한 전통 문화가 소멸되어 가고 있는 오늘날, 서낭당에 얽힌 설화야말로 우리 조상들의 얼이 담긴 이야기로써 지혜롭고 슬기로운 당시의 생활 상을 엿볼 수 있다고 하겠으며, 서낭신의 계시啓示로 자신을 일으키고 나라를 구한 조그마한 전설이기는 하지만 우리 민족 정신 문화면을 역력히 엿볼 수가 있다고 하겠습니다.

조상 공양 역시 이러한 조상들의 지혜를 배우고 실천하는 것이라 할 것입니다. (출처 '傳統文化의 脈—慶北道敎育委員會 刊')

제13 장
대장경 본연부에
나오는 효와 공양에 관한 이야기

여기에 소개 되는 글은 한글 대장경 본연부 잡보장경에 나오는 부처님과 관련된 이야기를 각색한 글로서 진실한 공양이 무엇인가를 알려 주고 있습니다. 조상 공양에 참고하시면 조상에 대한 마음의 방향을 잡는데 도움이 되시리라 생각합니다.

제 1 화

1 왕자가 자신의 살(人肉)로 부모를 구원한 인연

어느 때, 부처님께서는 슈라아바스티이국에 계셨습니다.

그 때, 아아난다는 가사를 입고 바리를 들고, 성에 들어가 걸식을 하다가 장님 부모를 모신 어린애가 걸식하면서 좋은 음식은 부모에게 공양하고 자기는 나쁜 음식을 먹고 있는 것을 보았습니다.

아아난다는 부처님께 사뢰었습니다.
'세존이시여, 이 어린애는 참으로 드물게 볼 아이입니다. 음식을 빌
되 좋은 것을 얻으면 부모님께 공양하고 나쁜 것은 가려서 자신이 먹나
이다.' 하니,
부처님은 말씀하셨습니다.
'그것은 어려운 일이 아니다. 나는 지나간 세상에 부모님을 공양 할
때에 참으로 어려운 일을 하였느니라.' 하시는 것이었습니다.
아아난다는 그 어려운 일이 무엇인지 궁금하여 다시 사뢰었습니다.
'세존께서 지나간 세상에 부모를 공양하신 일은 어떠하셨나이까.'
하고 사뢰니,
부처님은 말씀하셨습니다.

『과거에 어떤 큰 나라의 왕이 나라를 다스리고 있었는데 왕에게는
아들 여섯이 있어 제각기 한 나라씩을 차지하고 있었다.
그 나라에는 라후구라는 대신이 있었는데, 그는 은밀히 군사를 일으
켜 그 나라의 왕과 다섯 아들을 죽였다. 여섯째 아들에게만은 어떤 귀
신이 미리 와서 네 부왕과 다섯 형은 모두 대신 라후구에게 죽었고, 다
음 차례는 너에게 올 것이라고 일러 주었다. 왕자는 그 말을 듣고 곧 집
으로 돌아갔다.
왕자의 아내는 왕자의 근심하는 얼굴 빛이 보통 때와 다른 것을 보
고, 당신 얼굴이 왜 그렇습니까 하고 물으니, 왕자가 대답하기를,
'남자의 일을 그대에게 말할 수 없소.' 하였다.

아내는 다시 왕자에게 '나는 당신과 생사를 같이 하는데 무슨 말 못할 일이 있습니까.' 라고 하였다.

왕자는 아내에게 귀신이 자신에게 해준 말을 전해주었다.

'어떤 귀신이 나에게 와서 말하기를 네 아버지 왕과 다섯 형들은 모두 남에게 죽었는데, 다음 차례는 너에게 온다고 하였소. 그 때문에 근심과 두려움으로 어쩔줄을 모르겠소.' 라고 말해 주었다.

두 부부는 곧바로 아이를 데리고 다른 나라까지 갈 수 있는 칠 일분의 양식을 가지고 떠났다. 황급하고 두려운 탓이었는지 딴 길로 잘못 들어 열흘이 지나도록 걸어갔으나 도착하지 못하고 양식은 떨어져 피로와 굶주림으로 거의 죽게 되었다.

왕자는 생각하였다.

'세 사람이 함께 살려 하니 고통은 더욱 심하다. 차라리 한 사람을 죽여 두 사람이 사는 것이 낫겠다.' 하고 왕자는 칼을 빼어들어 아내를 죽이려 하는데, 아이가 아버지를 돌아 보면서 합장을 하고 말하였다.

'아버지 우리 어머니를 죽이지 마십시오. 차라리 나를 죽여 어머니 목숨을 대신하십시오.' 하였다.

아버지인 왕자는 아들 말대로 그 아들을 죽이려 하였다.

그런데 아들은 다시 아버지에게 아뢰었다.

'그러나 제 목숨은 끊지 마십시오. 만일 목숨을 끊으면 살이 곧 썩어 오래가지 못할 것입니다. 그리고 그렇게 되면 어머니가 나를 업고 나아 가지 못할지도 모릅니다. 그러므로 내 목숨을 끊지 말고 날마다 조금씩 내 살을 베어 먹으십시오.' 하는 것이었다.

그러나 그들이 인가에 이르기 전, 아이 몸에는 오직 세 점의 살이 남아 있을 뿐이었다.

아들은 다시 그 부모에게 아뢰었다.

'이 살 두 점은 부모님이 드시고 남은 한 점은 제게 주십시오.' 하니, 부모는 살 두점을 먹고 아들을 땅에 던져 두고 앞으로 나아갔다.

그 때에 석제환인(釋提桓因. 수미산 꼭대기에 있는 도리천의 주主인 제석 천을 말함. 능천주, 즉 전지전능한 세상의 주인, 도리천의 임금)의 궁전이 진 동하였다. 석제환인은 이것이 무슨 까닭인가 하고 두루 관찰해 보다가 그 아이가 희유한 일을 한 것을 보았다.

그리하여 석제환인은 곧 굶주린 이리로 둔갑하여 아이에게 다가가 서 남은 살점을 달라고 청하였다.

아이는 생각하였다.

'내가 남은 한 점의 살을 먹더라도 끝내 죽을 것이요, 먹지 않더라도 죽을 것이다.' 하고는 마지막 지닌 살을 버려 굶주린 이리로 둔갑한 석 제환인에게 주었다.

석제환인은 다시 사람으로 화하여 아이에게 말하였다.

'너는 지금 살을 베어 주고도 후회하는 마음이 생기지 않는가?'라고 하니, 아이는 '후회하지 않습니다.' 하였다.

석제환인은 아이에게 다시 물었다.

'너는 지금 몹시 괴로워 하고 있다. 그런데 네가 후회하지 않는다는 말을 누가 믿겠는가?'라고 하니,

아이가 맹세하기를,

'만일 내가 후회하지 않는다면 몸의 살이 도로 생겨나 예전과 같이 될 것이고, 후회한다면 여기서 곧 죽으리라.' 라고 하였다. 아이가 이렇

게 말하자 몸은 회복되어 본래와 다름이 없었다.

석제환인은 그 아이와 부모를 데려다 한 곳에 있게 하였다. 그 왕이 매우 슬퍼하고 기뻐하는 것을 보고, 또 아들의 지극한 효도를 어여삐 여겨 일찍이 없었던 일이라고 찬탄한 뒤에 군사들을 주어 본국으로 돌아가게 하였다. 그리고 석제환인은 그를 잘 옹호하여 잠부드비이파의 왕이 되게 하였다.

아아난다여, 그 때의 그 어린아이는 바로 지금의 나요, 그 부모는 바로 지금의 내 부모이니라.」하고 부처님은 설파하셨습니다.

(출처 한글 대장경, 동국역경원 刊)

진정한 마음의 보시(=포시布施. 자비심으로 다른 이에게 조건없이 설법을 하거나 몸이나 물건을 주는 것. 요즘은 흔히 신도들이 스님에게 독경을 청하거나 불사를 행하고 그에 대한 보수로 금전이나 물품을 주는 것을 보시라고 말합니다.)이야말로 조상공양의 첫 걸음이라고 생각합니다.

제 2 화

2 기로국棄老國의 인연

부처님께서 슈라아바스티이국에 계실 때에 이렇게 말씀하셨습니다.

'노인을 공경하면 큰 이익이 있느니라. 일찍이 듣지 못한 것을 알게 되고, 좋은 이름이 멀리 퍼지며, 지혜로운 사람의 공경을 받는다.' 하니,

비구들은 사뢰었습니다.

'세존께서는 항상 부모와 어른과 노인을 공경하는 것을 찬탄하시나이다.' 하니,

부처님께서는 '오늘만이 아니다. 나는 과거 한량없는 겁 동안 항상 보모와 어른과 노인을 공경하였다.'고 하시였습니다.

비구들이 다시 사뢰기를,

'과거에 공경한 그 일은 어떠하였나이까?' 하니,

부처님은 말씀하셨습니다.

『먼 옛날에 기로국棄老國이라는 나라가 있었는데, 그 나라에서는 집에 노인이 있으면 멀리 쫓아 버리는 법이 있었다. 그 때에 어떤 대신이 있었는데, 그의 아버지가 늙었으므로 국법에 따라 멀리 쫓아 보내게 되었다. 그러나 그는 효도하는 마음이 강하였으므로 차마 그렇게 하지 못하고 땅을 깊이 파고 비밀 방을 만들어서 아버지를 그 안에 두고 때를 따라 효도로 섬기었다.

그 때에 어떤 천신天神은 뱀 두 마리를 가지고 와서 왕의 궁전 위에 두고 이렇게 말하였다. '만일 이 뱀들의 자웅(雌雄. 암컷과 수컷)을 분별하면 너의 나라가 편하겠지만, 그것을 분별하지 못하면 네 몸과 너의 나라는 칠 일 뒤에 멸망할 것이다.'라고 하는 것이었다.

왕은 이 말을 듣고 매우 걱정이 되어 여러 신하들과 함께 이 일을 의논하였지만 모두 이구동성 말하기를 '분별할 수 없습니다.'라고 하였다.

그리하여 왕은 온나라에 명을 내려 누구든 이 뱀의 암수를 분별하는 자에게는 벼슬과 함께 후한 상을 주리라고 약속하였다.

대신은 집에 돌아가 땅 밑 비밀 방에 은거하고 있는 아버지에게 자초지종을 얘기하고 그에 대한 답을 물었다.

아버지가 답하기를,

'그것은 분별하기 쉽다. 부드러운 물건 위에 뱀들을 놓아 두면 거기에서 부시대는 놈이 수컷이요, 꼼짝 않고 가만히 있으면 그것은 암컷이나라.' 하고 아들에게 일러 주었다.

대신이 궁전에 돌아와 아버지가 답한 것을 고하였더니, 과연 그 자웅을 알 수 있었다.

천신은 왕에게 또 다시 물었다.

'잠자는 이 중에서 깬 이는 누구이며, 깬 이 중에서 잠자는 이는 누구인가?'

왕은 또 다시 신하들과 의논하였으나 분별할 수 없었다. 그리하여 다시 온 나라에 두루 알렸으나 아무도 이를 아는 사람이 없었다.

대신은 이번에도 그의 아버지에게 '이것이 도대체 무슨 말입니까?' 하고 답을 물었다.

아버지는 대답하였다.

'그것은 학인學人, 즉 지식이 많은 자를 말한 것이다. 학인은 범부에 대해서는 깨어 있는 이요, 저 아라한(소승 교법을 수행하는 성문 4과의 가장 윗자리에 있는 여래)에 대해서는 잠자는 사람이니라.' 하여, 대신은 궁전으로 돌아가 아버지의 말대로 전하였다.

천신은 코끼리 한 마리를 보여 주면서 다시 물었다.

'이 큰 코끼리는 몇 근이나 되는가?' 하니, 왕은 신하들과 의논하였으나 아는 이가 없었고, 또 온 나라에 두루 알렸으나 아무도 몰랐다. 대신은 또 아버지에게 물었다.

대신의 아버지가 답하기를,

'코끼리를 배에 싣고 큰 못에 띄워 배가 물에 잠기는 쯤에 표를 하고, 배에서 코끼리를 내려 놓고, 다시 그 배에 돌을 실어 물에 잠겼던 표까지 돌을 채운다음 배에 실었던 돌들을 저울에 달아 돌의 무게를 합하면 그것이 코끼리의 무게니라.' 하고 아버지는 지혜로써 대답하였다.

대신이 궁으로 돌아와 그대로 전하니 천신은 다시 묻기를,

'한 움큼의 물이 큰 바닷물 보다 많은데, 누가 그것을 알겠는가?' 라고 하니, 역시 왕과 신하들은 알 수 없었고, 대신은 또 아버지에게 물었다.

아버지가 답하기를,

'그것은 알기 쉽다. 만일 어떤 사람이 청정한 신심으로 한 움큼의 물을 부처님이나 스님이나 부모나 고생하는 병자에게 보시하면, 그 공덕으로 말미암아 수천만 겁 동안 끝이 없는 복을 받을 것이니, 바닷물은 아무리 많아도 한 겁을 지나지 못한다. 이로 미루어 말하면 한 움큼의 물이 큰 바다 보다 백천 곱이나 많을 것이다.' 라고 하였다.

대신은 곧 아버지의 말을 천신에게 전하였다.

천신은 다시 굶은 사람으로 화하여 해골만 이끌고 와서 묻기를,

'세상에는 과연 굶주리고 궁한 고통이 나보다 심한 이가 있는가?' 하니, 역시 답을 얻지 못하고 대신은 다시 아버지를 찾아 답을 물었다.

아버지가 답하기를,

'세상에 어떤 사람은 간탐하고 질투하여 삼보를 믿지 않고, 부모와

스승을 공양하지 않다가 장래 세상에는 아귀에 떨어져 백천만년 동안 물이나 곡식은 이름 조차 듣지 못하고 몸은 태산과 같과 배는 큰 골짜기 같지만 목구멍은 가는 바늘과 같으며 송곳이나 칼과 같은 털은 몸을 감아 다리에 까지 이르고, 움직일 때에는 사지와 뼈마디에 불이 붙는다. 그런 사람은 너무 굶주리는 고통보다 백천만 갑절이나 심하리라.' 라고 하였다.

대신은 곧 이 말로써 천신에게 가서 대답하였다.

천신은 다시 어떤 사람으로 화하여 손과 다리에는 쇠고랑을 차고 목에는 사슬을 걸고 몸에서 불이 나와 온 몸이 타면서 묻기를,

'세상에는 나보다 심한 고통을 받는 사람이 있는가?' 하니, 역시 답을 얻지 못하고 대신은 다시 아버지를 찾아 답을 물었다.

아버지가 답하기를,

'세상의 어떤 사람은 부모에게 효도하지 않고 사람을 해치며 남편을 배반하고 삼보를 비방하다가 장래 세상에는 지옥에 떨어져 칼산, 칼나무, 불수레, 화로숯, 잿 강, 끓는 똥, 불길 등의 고통을 받는다. 이런 고통은 항상 끝없고 헤아릴 수 없다. 이것으로 비유하면 너의 고통보다 백천만 배나 심하리라.' 라고 하였다.

대신은 아버지의 말대로 천신에게 대답하였다.

천신은 다시 한 여자로 화하여 세상 사람보다 뛰어난 단정하고 아름다운 모습으로 묻기를,

'세상에는 나처럼 단정한 사람이 있는가?' 하니, 역시 답을 얻지 못하고 대신은 다시 아버지를 찾아 답을 물었다.

아버지가 답하기를,

'세상에 어떤 사람은 삼보를 믿고 공경하며, 부모에게 효순하고, 보시와 인욕과 정진을 좋아하며 계율을 가지다가 천상에 나게 되면, 단정하고 뛰어나기 너보다 백천만 곱이나 더할 것이다. 거기에 비하면 너는 눈먼 원숭이와 같느니라' 하니, 대신은 또 이 말로써 천신에게 대답하였다.

천신은 또 방정한 진단목(眞檀木, 박달나무 혹은 대나무를 말함)을 가지고 묻기를,

'어느 쪽이 머리인가?' 하니, 역시 답을 얻지 못하고 대신은 다시 아버지를 찾아 답을 물었다.

아버지가 답하기를,

'그것은 알기 쉽다. 물에 던져보면 뿌리 쪽은 잠길 것이요, 꼬리 쪽은 들뜰 것이다.' 하니, 대신은 또 이 말로써 천신에게 대답하였다.

천신은 또 형색이 꼭 같은 두 마리 흰 초마(騲馬, 암말)를 가지고 묻기를,

'어느 것이 어미요, 어느 것이 새끼인가?' 하니, 역시 답을 얻지 못하고 대신은 다시 아버지를 찾아 답을 물었다.

아버지가 답하기를,

'풀을 주어 먹여 보아라. 만일 그것이 어미라면 반드시 풀을 밀어 새끼에게 줄 것이다.' 하니, 대신은 또 이 말로써 천신에게 대답하였다.

이에 천신은 매우 기뻐하며 그 왕에게 진기한 재보들을 많이 주면서 왕에게 말하기를,

'나는 너의 나라를 옹호하여 외적이 침해하지 못하게 하리라.' 고

하였다.

왕은 이 말을 듣고 못내 기뻐하면서 그 대신에게 묻기를,

'그것을 그대 스스로 알았는가, 누가 가르쳐 주었는가. 그대의 지혜를 힘입어 우리나라가 편안하게 되었고 많은 보물을 얻었으며, 또 천신이 보호한다 하였다. 이것은 모두 그대의 힘이다.' 하니,

대신이 대답하기를,

'신臣의 지혜가 아닙니다. 원컨대 두려움이 없게 하여 주시면 감히 그 내력을 아뢰겠습니다.' 하였다.

왕이 말하기를,

'설령 네게 만 번 죽을 죄가 있다 해도 묻지 않겠거늘, 하물며 조그만 허물이겠는가.' 하니,

대신이 아뢰기를,

'나라에서 제정한 명령에는 노인을 모시지 못하게 합니다. 그러하온대 신에게는 늙은 아비가 있었지만 차마 버릴 수가 없어 왕법을 무릅쓰고 땅 속에 은신해 두고 있아옵니다. 신이 와서 대답한 것은 모두 숨겨둔 아버지의 지혜이지 신의 지혜가 아닙니다. 원컨대 대왕께서는 온 나라에 명령하여 노인을 버리지 말게 하옵소서.' 하고 간청하였다.

이 말을 들은 왕은 과연 그렇다고 찬탄하고, 마음으로 기뻐하며 그 대신의 아버지를 받들어 모시면서 그를 높은 스승으로 삼았다.

왕은, '내 나라와 모든 백성을 구제하였지만, 그런 이익은 내가 아는 바 아니다' 하고 곧 명을 내려 천하에 두루 알려 노인을 버리는 행위를 허락하지 않았을 뿐아니라, 두 부모를 우러러 효도하게 하였다.

그리하여 왕은 이를 계기로 부모에게 효도하지 않거나 스승에게 공

경하지 않으면 큰 죄를 내린다고 하였다.

부처님은 말씀하셨다.

'비구들이여 그 때의 그 아버지는 바로 나요, 그 대신은 저 샤아리푸트라며, 그 왕은 저 아자아타사트루 왕이요, 그 때의 천신은 바로 저 아아난다 였으니라.'」라고 하셨습니다. (출처 한글 대장경, 동국역경원 刊)

조상공양 역시 살아계신 부모님을 진실하게 봉양하는데서 출발합니다.

3 부처님이 도리천상에서 어머니 마야를 위하여 설법하신 인연

부처님께서는 슈라아바스티이국에 계시면서 비구들에게 말씀하셨습니다.

'나는 지금 도리천에 올라가 여름 안거를 지내면서 어머니을 위해 설법하고자 한다. 너희 비구들 중에 가고 싶은 사람은 나를 따라 가자.' 이렇게 말씀하시고, 곧 도리천에 올라가 한 나무 밑에 앉아 여름 안거를 지내면서, 어머니 마야와 한량없는 하늘들을 위해 설법하셨습니다. 그리하여 그들이 모두 진리를 보게 되자 다시 잠부드비아파로 돌아오셨습니다.

비구들은 사뢰었습니다.

'놀랍나이다. 세존께서는 어머님을 위하여 구십일 동안 도리천에 머무셨나이다.'

부처님은 말씀하셨습니다.

'오늘만이 아니다. 나는 지나간 세상에서도 어머니를 위하여 그 괴로운 일을 건져 드렸느니라.'

그 때에 비구들은 여쭈었습니다.

'과거의 그 일은 어떠하였나이까.'

부처님은 말씀하셨습니다.

『먼 옛날 설산 기슭에 잔나비왕이 있어 오백마리 잔나비를 거느리고 있었다. 그 때에 어떤 사냥꾼은 그물을 쳐서 잔나비들을 둘러 쌌다.

잔나비왕은 무리들에게 말하였다.

'지금 너희들은 조금도 두려워하지 말라. 나는 너희들을 위하여 저 그물을 찢으리니, 너희들은 모두 나를 따라 오너라.'

그는 곧 그물을 찢었다. 그리하여 그들은 모두 그곳을 벗어나게 되었다. 그 때에 어떤 늙은 잔나비는 새끼를 업고 가다가 발이 미끄러져 깊은 구렁에 떨어졌다. 잔나비왕은 어머니를 찾았으나 보이지 않아 깊은 구렁을 보고 그 곁으로 가서 어머니가 그 곳에 있는 것을 보고 여러 잔나비들에게 말하였다.

'너희들은 힘을 내어 나와 같이 어머니를 건져 내자.'

여러 잔나비들은 서로 꼬리를 붙잡고 구렁 밑으로 내려가, 어머니를 잡아당겨 내어 고난을 벗어나게 하였다. 그리고 또 오늘 어머니의 고난을 빼어드렸다. 그 때에는 깊은 구덩이의 어려움에서 건져 드렸고, 지금은 세 갈래 나쁜 길의 어려움에서 어머니를 건져 드린 것이다.』

부처님은 이어 말씀하셨습니다.

'부모를 구제하면 큰 공덕이 있느니라. 나는 어머니를 구제하였기 때문에 세상마다 어려움이 없었고, 스스로 부처를 이루게 된 것이다. 이런 이치가 있기 때문에 너희 비구들은 각각 부모에게 효순하고 공양하여야 하느니라.'

(출처 한글 대장경, 동국역경원 刊)

부모님이 돌아가시면 조상이 되는 것이니, 살아 생전이나 돌아가신 후에도 공양함을 게을리 하여서는 않될 것입니다. 그 것만이 우리가 현세에서 복을 받는 일일 것입니다.

 부처님께서 말씀하시는 옛날 어머니 가단차라의 인연

부처님께서는 돌아다니시다가 거하라국으로 가시면서 도중에 어떤 나무 밑에 앉아 계셨습니다. 그 때, 가단차라라는 한 노모는 남에게 매어 살면서 우물에서 물을 긷고 있었습니다. 부처님은 아아난다에게 말씀하셨습니다.

'저기 가서 물을 얻어 오너라.'

아아난다는 부처님의 분부를 받고 곧 가서 물을 청하였습니다.

그 때 노모는 부처님께서 물을 청하신다는 말을 듣고 스스로 물그릇을 들고 와서 부처님 앞에 이르자, 물그릇을 땅에 놓고 부처님을 안으려 하였습니다. 아아난다는 그것을 막으려 하였습니다.

부처님은 말씀하셨습니다.

'막지마라, 그 노모는 오백 생 동안 내 어머니였었다. 그래서 애정이 다하지 않았기 때문에 나를 안으려 하는 것이니, 만일 그것을 막으면 끓는 피가 얼굴에서 흘러나와 목숨을 마치고 말것이다.'

노모는 부처님을 안자 손발을 불고는 한쪽에 서 있었습니다.

부처님은 아아난다에게 말씀하셨습니다.

'너는 가서 노모의 주인을 불러오너라.'

그 주인은 와서 땅에 엎드려 부처님께 예배하고 한쪽에 물러섰습니다.

부처님은 그에게 말씀하셨습니다.

'이 노모를 놓아 주어 집을 떠나게 하라. 만일 집을 떠나면 반드시 아라한이 될 것이다.'

주인은 곧 노모를 놓아 주었습니다.

부처님은 아아난다에게 말씀하셨습니다.

'이 노모는 파사파제 비구니에게 붙여 주어 중을 만들게 하라. 오래지 않아 아라한의 도를 얻어 비구니 중에서 경전을 잘 알기로 가장 으뜸갈 것이다.'

비구들은 이상히 여겨 부처님께 여쭈었습니다.

'세존이시여, 저이는 어떤 인연으로 남에게 매여 살며 또 어떤 인연으로 아라한이 되겠나이까.'

부처님은 말씀하셨습니다.

'저이는 카아샤파 부처님 때에 집을 나와 도를 배웠다. 그 인연으로 아라한이 될 것이다. 또 그 때에 여러 주인들이 위타여 성현들을 비방하고 비구니 보다 종이 낫다 하였다. 그 인연으로 지금 남에게 매여 산다. 또 오백 생 동안 늘 내 어머니가 되었으나 간탐하고 질투하여 내 보시를 방해하였다. 그 인연으로 항시 빈천한 집에 태어났었다. 그런데 나는 오늘만 그를 빈천에서 구제한 것이 아니니라.'

비구들은 사뢰었다.

'알 수 없나이다. 과거 세상에 그를 빈천에서 구제한 일은 어떠하였나이까.'

부처님은 말씀하셨습니다.

『지나간 세상에 바아라나시이국에 어떤 가난한 집에서 모자가 살고 있었다. 아들은 늘 품을 팔아 어머니를 공양하는데, 재물을 조금 얻어 겨우 조석을 지탱해 나갔다. 그 때에 아들은 어머니에게 아뢰었다.

'저도 여러 상인들과 함께 멀리 가서 장사하려 합니다.'

어머니는 허락하여 그 아들은 길을 떠났다. 아들이 떠난 뒤에 도적이 와서 그 집을 부수어 재물을 뺏고, 또 그 노모를 끌고 가서 다른 곳에 팔았다. 아들이 돌아와 어머니를 찾다가 그의 있는 곳을 알고 많은 재물을 가지고 가서 어머니를 풀어 내고 본국에서 생활할 때에 이전보다 몇 배나 살림이 풍족하였다.

부처님은 말씀하셨습니다.

비구들이여, 그 때의 어머니는 바로 지금의 저 가단차라요, 그 아들은 바로 지금의 나다. 나는 그 때에도 어머니의 고통을 빼어드렸느니라.』 (출처 한글 대장경, 동국역경원 刊)

조상공양 역시 간탐하는 마음이나 질투하는 마음 등 악심惡心을 가지고
한다면 복을 받지 못할 것입니다.

5 토끼가 제 몸을 구워 큰 선인에게 공양한 인연

슈라아바스티이국에 어떤 장자의 아들이 있습니다.

그는 부처님 법 안에서 중이 되었으나 항상 속가의 권속들을 즐기고,
도인들과 더불어 일을 같이 하기를 즐기지 않으며, 또 경전을 읽고 도
를 닦는 것도 즐기지 않았습니다.

그래서 부처님은 그 비구에게 분부하여 아라냐(=적정처寂靜處. 마음에
번뇌가 없고 몸에 괴로움이 없는 편안한 곳.)로 가서 부지런히 닦아 익혀
아라한이 되어 여섯가지 신통을 두루 갖추게 하였습니다.

비구들은 이상하게 여겨 부처님께 사뢰었다.

'세존께서 세상에 나오심은 참으로 놀랍고 장하십니다. 그러한 장자
의 아들도 마음을 잡고 아라냐로 가서 아라한의 도를 얻고 여섯가지 신
통을 갖추게 하셨나이다.'

부처님은 말씀하셨습니다.

'나는 오늘만 마음 잡게 한 것이 아니라 옛날에도 일찍 마음을 잡게
하였느니라.'

비구들은 사뢰었습니다.

'알 수 없나이다. 세존이시여. 옛날에도 마음을 잡게하신 그 일은 어
떠하나이까.'

부처님은 말씀하셨습니다.

『옛날에 어떤 선인仙人이 숲속에 있었다. 그 때에 세상에는 큰 가뭄이 들어 산중의 과실들은 뿌리와 줄기와 가지와 잎사귀가 모두 말라 버렸다. 그런데 그 선인은 어떤 토끼와 친하게 되어 토끼에게 말하였다.

'나는 지금 마을에 내려가 걸식하고자 한다.'

토끼는 말하였다.

'가지 마십시오. 내가 당신에게 먹을 것을 드리겠습니다.'

다시 토끼는 섶을 모아 놓고 선인에게 말하였다.

'제 몸을 태워 만든 밥을 받으시면 반드시 비가 내려 사흘만 지내면 꽃과 열매가 도로 살아나 캐어 먹을 수 있을 것입니다. 인간 세상에는 가지 마십시오.' 이렇게 말한 뒤에 큰 불을 질러 놓고 그 속에 뛰어들었다.

선인은 그것을 보고 생각하였다.

'이 토끼는 인자하여 나의 좋은 동무이다. 내 먹을 것을 위해 능히 제 목숨을 버렸으니 참으로 어려운 일이다.'

그 때에 그 선인은 몹시 괴로워하면서 그것을 먹었다. 보살 토끼의 이러한 어려운 행과 괴로운 행 때문에 석제환인의 궁전이 진동하였다. 석제환인은 생각하였다. 지금 무슨 인연으로 내 궁전이 흔들리는가.

그는 토끼가 그 어려운 일을 한 것을 관찰해 알고, 그 행에 감동되어 곧 비를 내렸다. 그래서 선인은 거기 머물러 과실을 먹으면서 부지런히 공부하여 다섯 가지 신통을 얻었다.

비구들이여, 알고 싶은가. 그 때에 다섯 가지 신통을 얻은 선인은 지금의 저 비구요, 그 토끼는 지금의 이 내몸이었느니라.

나는 그 때에도 내 몸을 버렸기 때문에, 그 선인으로 하여금 아라냐에 머물러 다섯 가지 신통을 얻게 하였거늘, 하물며 지금 내가 비구로 하여금 권속들을 멀리 떠나고 아라냐에 머무르면서 아라한이 되어 여섯 가지 신통을 얻게 하지 못하겠느냐.」

(출처 한글 대장경, 동국역경원 刊)

조상공양은 참으로 어려운 일입니다. 몸과 마음을 다 받쳐도 소원 성취하기란 쉽지 않아 보입니다. 부처님과 같은 행은 하지 못할지언정 진실한 마음만이라도 있어야 할 것입니다.

제 6 화

6 선하고 악한 원숭이의 인연

부처님께서는 라이자그리하성에 계셨습니다.

그 때에 비구니들은 부처님께 사뢰었습니다.

'세존이시여, 데바닷타에게 의지하면 언제나 고뇌를 받고, 세존께 의지하면 현재에도 안락을 얻고 뒤에도 좋은 곳에 태어나 해탈의 도를 얻나이다.'

부처님은 말씀하셨습니다.

「그것은 오늘만이 아니다. 옛날에 두 마리 원숭이가 있었는데, 모두 오백 마리씩의 권속을 거느리고 있었다. 때 마침 카아시왕의 아들이 사냥을 나와 그들을 포위하려 하였다.

선한 원숭이가 악한 원숭이에게 말하였다.

'우리는 지금 이 강을 건너 가면 어려움을 면할 수 있을 것이다.'

악한 원숭이는 말하였다.

'우리는 건널 수 없다.'

그러자 선한 원숭이는 여러 원숭이들에게 말하였다.

'저 바디라 나뭇가지가 매우 길구나.'

오백 권속들은 그 나뭇가지를 잡고 강을 건너갔다.

그러나 악한 원숭이 권속들은 건너지 않았기 때문에 모두 왕자에게 사로잡히게 되었다.

비구들이여, 그 때의 그 선한 원숭이는 바로 이 내 몸이요, 악한 원숭이는 바로 저 데바닷타인데, 그가 거느린 권속들은 그 때에도 괴로웠지만, 지금 그에게 의지한 자들도 또한 그와 같느니라.

그 때에 내게 의지한 자들은 언제나 즐거움을 받아 현재에는 명예와 공양을 얻고, 장래에는 인간이나 천상에서 해탈을 얻을 것이다.

그 때에 데바닷타에게 의지한 자는 언제나 괴로움을 받아 현재에는 나쁜 이름을 얻고 사람들이 공양하지 않으며, 장래에는 세 갈래 나쁜 길에 떨어질 것이다. 그러므로 비구들이여, 부디 악한 벗을 멀리하고 선한 벗을 친해야 한다. 선한 벗은 언제나 사람에게 안온과 즐거움을 준다. 그러므로 선한 벗을 친해야 한다.

그러나 악한 벗에게서는 멀리 떠나야 한다. 왜냐하면 악한 벗은 사람을 불살라 이 세상에서나 뒤 세상에서 뭇 괴로움이 모이기 때문이다.』

(출처 한글 대장경, 동국역경원 刊)

조상공양을 하는 것이 때로는 번거롭고 힘든 일일 수 있습니다. 그러나 그러한 고통과 어려움을 선하고 진실한 마음으로 극복하여야만 조상님이 좋은 곳으로 천도됨은 당연한 것일 겁니다.

제 7 화

7 부처님이 지혜의 물로 불을 끈 인연

남방산南方山이라는 나라가 있었습니다.

부처님은 그 나라에 가시는 길에 어느 마을에서 주무시게 되었습니다.

마침 그 마을에서는 좋은 모임이 있어서 사람들은 모두 술에 취해 어지러이 노는데, 불이 난 것을 알지 못하여, 불은 그 마을을 태우고 있었습니다. 사람들은 놀라고 당황하여 갈 바를 모르고 서로 말하였습니다.

'우리는 오직 부처님을 의지하여야 이 화재를 면할 수 있을 것이다.'

그들은 부처님께 사뢰었습니다.

'세존이시여, 저희들을 구제하여 주소서.'

부처님은 말씀 하셨습니다.

'일체 중생들은 모두 세가지 불을 가지고 있다. 그것은, 즉 탐욕과 분노와 어리석음의 불인데, 나는 지혜의 불로써 그 불을 끈다. 만일 이 말이 진실이라면 저 불은 꺼질 것이다.'

이렇게 말씀하시자 불은 곧 꺼졌습니다. 여러 사람들은 모두 기뻐하면서 부처님을 더욱 믿고 존경하였습니다. 부처님은 설법하시어 그들은 모두 스로오타아판나가 되었습니다.

비구들은 이상히 여겨,

'부처님께서 세상에 나오심은 참으로 놀랍고 장한 일입니다. 이 마을을 위하여 큰 이익을 주셨습니다. 마을의 불도 꺼지고 사람들 마음의 때도 없어졌나이다.' 하고 말하였습니다.

부처님은 말씀하셨습니다.

'오늘만 저들에게 이익을 준 것이 아니다. 지나간 세상에도 저들에게 큰 이익을 주었느니라.'

비구들은 여쭈었습니다.

'알 수 없나이다. 세존이시여, 과거에 이익을 준 그일은 어떠하였나이까.'

부처님은 말씀하셨습니다.

『지나간 세상에 설산 한쪽에 큰 대숲이 있었다. 많은 새와 짐승들이 그 숲을 의지해 살고 있었는데, 그 중에는 환희수歡喜首라는 앵무새가 있었다.

그 때에 그 숲에는 대나무끼리 서로 마찰되어 불이 일어나 그 숲을 태웠다. 새와 짐승들은 모두 두려워 떨며 의지할 곳을 찾았다.

그 때 앵무새는 자비심으로 새와 짐승들을 가엾이 여겨, 물에 가서 날개를 적셔서 불 위에 뿌렸다. 가엾이 여기는 마음이 간절하기 때문에 제석천(帝釋天, 도리천의 임금)을 감동시켜 그 궁전을 진동하게 하였다. 석제환인(도리천의 主, 즉 임금)은 하늘 눈으로 무슨 이유로 내 궁전이 진동하는가 관찰하다가, 한 앵무새가 대비심을 일으켜 불을 끄려고 온 힘을 다했으나 불을 끄지 못하는 것을 보았다.

석제환인은 곧 앵무를 향하여 말하였다.
'이 숲은 넓고 크기가 수천만리인데, 네 어찌 그 큰 불을 끌 수 있겠는가.' 하니,
앵무새는 대답하였다.
'내 마음은 크고 넓으므로 부지런히 힘써 게으르지 않으면 반드시 불을 끌 수 있을 것입니다. 만일 이 몸이 다하도록 불을 끄지 못하면 다시 내생의 몸을 받더라도 맹세코 불을 끄고야 말 것입니다.'
석제환인은 그 뜻에 감동되어 큰 물을 내려 불이 곧 꺼졌다.

비구들이여, 그 때의 그 앵무새는 바로 지금의 이 내몸이요, 숲속의 새와 짐승들은 지금의 이 마을의 인민들이다. 나는 그 때에도 불을 꺼서 그들을 편안하게 하였고, 지금도 불을 꺼서 이들을 편안하게 한 것이다.』
비구들은 다시 여쭈었습니다.
'또 어떤 인연으로 그들은 도를 보게 되었나이까.'
부처님은 말씀하셨습니다.
'이 인민들은 과거 카아샤파 부처님 때에 다섯가지 계율을 받들어 가졌기 때문에, 그 인연으로 지금 도를 보아 스로오타아판나의 도를 얻었느니라.'

(출처 한글 대장경, 동국역경원 刊)

조상공양을 함에 있어서 당장 눈 앞에 나타나는 복을 비는 일도 있겠지만, 조상님의 내생을 위하고, 공양하는 자기 자신의 내생을 위하여 자신을 희생하고 조상공양을 하는 마음이 반드시 필요하다 할 것입니다.

 카이시국왕의 흰 향상香象이 장님 부모를 봉양하고 두 나라를 화목하게 한 인연

옛날 부처님께서는 슈라아바스티이국에 계시면서 비구들에게 말씀하셨습니다.

'여덟 종류의 사람이 있다. 그들에게는 결정코 보시하되 조금도 의심을 하지 말라. 부모와 부처님과 그 제자와 멀리서 오는 사람과 멀리 떠나는 사람과 병자와 병자를 간호하는 사람이다.'

비구들은 부처님께 사뢰었습니다.

'세존께서는 참으로 놀랍고 장하십니다. 항상 부모를 찬탄하고 공경하시나이다.'

부처님은 말씀하셨습니다.

'나는 오늘만 그런 것이 아니다. 과거부터 항상 존중하고 공경하였느니라.'

비구들은 여쭈었습니다.

'존중하고 찬탄한 그 일은 어떠하나이까.'

부처님은 말씀하셨습니다.

『먼 옛날 두 국왕이 있었다. 하나는 카아시국의 왕이요, 도 하나는 비제혜국의 왕이다.

비제혜왕에게는 큰 향상(香象, 코기리 모습을 한 보살, 혹은 성스러운 코끼리)이 있었다. 그는 그 향상의 힘으로 카아시왕의 군사를 무찔러 항복받았다.

카아시왕은 생각하였다.

'나는 지금 어떻게 향상을 얻어 저 비제혜왕의 군사를 무찔러 항복받을 수 있을까.'

그 때에 어떤 사람이 왕에게 말하였다.

'나는 저 산에서 흰 향상을 보았습니다.'

왕은 그 말을 듣고 곧 사람들을 구하였다.

'누구든지 저 향상을 잡아 오면 많은 상을 주리라.'

어떤 사람이 그 모집에 응하여 군사를 많이 데리고 가서 그 코끼리를 잡았다.

코끼리는 생각하였다.

'만일 내가 멀리 떠나 버리면 눈 멀고 늙은 부모를 어떻게 하겠는가. 차라리 순순히 왕에게 가는 것이 나으리라.'

그 때에 사람들은 그 향상을 잡아가지고 왕에게로 갔다. 왕은 매우 기뻐하여 좋은 집을 짓고 털담요를 깔아 주고, 여러 기녀들과 함께 거문고와 비파를 타면서 모두 즐기었다. 그러나 코끼리는 음식을 주어도 먹으려 하지 않았다.

그 때에 코끼리를 지키는 사람이 와서 왕에게 아뢰었다.

'코끼리가 아무것도 먹으려 하지 않습니다.'

왕이 몸소 코끼리에게 갔다. 왕은 코끼리에게 물었다.

'너는 왜 아무것도 먹지 않는가?'

코끼리는 대답하였다.

'내게는 눈 멀고 늙은 부모가 계시는데, 그에게 물이나 풀을 주는 이가 없습니다. 부모가 아무것도 먹지 않는데 나만 어떻게 먹겠습니까.'

코끼리는 이어 말했다.

'내가 만일 달아나려 하였다면 왕의 저 많은 군사들도 나를 막지 못하였을 것입니다. 다만 부모가 눈 멀고 늙었기 때문에 순순히 따라 왕에게 왔습니다. 만일 왕이 내가 돌아가는 것을 허락하신다면, 부모가 목숨을 마칠 때까지 공양하고 다시 돌아 오겠습니다.'

왕은 그 말을 듣고 크게 감동하였습니다.

'우리는 사람 중의 코끼리요, 이 코끼리는 코끼리 중의 사람이다.'

카아시 나라 사람들은 일찌부터 부모를 미워하고 천대하여 공경하는 마음이 없었다. 그러다가 이 코끼리로 말미암아 왕은 곧 나라에 영을 내렸다.

'만일 이제부터 부모를 봉양하고 공경하지 않으면 큰 벌을 부리라.'

그리고 나서 코끼리를 돌려 보내어 부모를 공양하게 하였다. 그리하여 살대로 살아가다가, 부모가 돌아가시자 코끼리는 약속대로 왕에게 돌아갔다. 왕은 코끼리를 얻어 매우 기뻐하면서, 곧 코끼리를 장엄하여 저 비제혜 나라를 치려 하였다.

코끼리는 왕에게 말하였다.

'싸우지 마십시오. 대개 싸움에는 서로 피해가 많습니다.'

왕은 말하였다.

'저들은 나를 속이고 업신여긴다.'

코끼리가 말하였다.

'나를 거기에 가게 하여 주십시오. 그 원수들로 하여금 감히 왕을 속이거나 업신여기지 못하게 하겠습니다.'

왕은 말하였다.

'네가 가면 혹시 돌아오지 못하지 않겠는가?'

코끼리가 말하였다.

'아무도 나를 돌아오지 못하도록 막지 못할 것입니다.'

코끼리는 곧 그 나라로 갔다.

비제혜왕은 코끼리가 왔다는 말을 듣고 매우 기뻐하여 몸소 나나 맞이하였다. 그는 코끼리를 보자 말하였다.

'우리나라에 살아라.'

코끼리는 말하였다.

'여기 머무를 수 없습니다. 나는 자라서부터 언약을 어긴적이 없습니다. 저 나라 왕에게 돌아오겠다고 이미 약속하였습니다. 당신들 두 국왕이 서로 원한을 풀고 제각기 자기 나라에 만족하고 살면 유쾌한 일이 아니겠습니까.' 하고 게송을 말하였다.

이기게 되면 원수를 더 만들고,
지게 되면 근심과 괴로움을 더하나니
이기고 지는 것 다투지 않으면
그 즐거움은 가장 제일이니라.

코끼리는 이 게송을 마치고 곧 카아시국으로 돌아갔다. 그 뒤로부터

두 나라는 서로 화목하게 지냈다. 비구들이여, 그 대의 카아시국왕은
바로 지금의 저 프라세나지트왕이요, 비제혜국왕은 저
아자아타사트루왕이며, 그 흰 코끼리는 비로 지금의 이 내
몸이었느니라. 그 대에 한 부모에게 효도하였기 때문에 많은 중생들로
하여금 부모에게 효도하게 하였고, 또 그 두 나라를 화목하게
하였는데, 지금도 또한 그와 같느니라.』

(출처 한글 대장경, 동국역경원 刊)

조상공양도 두 말할 필요없이 그 출발은 부모님께 효도하는 것으로부터
출발하는 것입니다.

9 가난한 여자가 돈 두냥을 보시하고 갚음을 얻은 인연

옛날 주암산晝闇山에 여러 성현들과 숨어사는 스님들이 많았습니다.
여러 나라에서 그 산 이름을 듣고 거기에 공양하는 이가 많았습니다.
그래서 어떤 장자는 여러 권속들과 함께 공양을 가지고 갔습니다.

어떤 빈궁한 거지 여자는 이렇게 생각했습니다.

'지금 여러 장자들이 산으로 공양을 보내는 것은 반드시 어떤 모임
을 가지려는 것이다. 나는 가서 걸식하리라.' 하고 그 산으로 향하여 갔
습니다.

그 산에 가서 아까 그 장자가 갖가지 음식을 차려 여러 스님들을 공양하는 것을 보고 혼자 가만히 생각하였습니다.

'저 사람은 전생의 복을 닦아 오늘에 부귀한데, 지금 다시 공덕을 지으면 장차 더욱 훌륭하게 될 것이다. 나는 전생에 복을 짓지 못하여 금생에 빈곤하다. 만일 지금 복을 짓지 않으면 미래에는 더욱 빈곤할 것이다.'

거지 여자는 이렇게 생각하고는 눈물을 흘리며 울다가 또 생각하였습니다.

'나는 전생에 똥 속에서 돈 두냥을 주워 항상 아끼면서 구걸이 뜻 같이 되지 않을 때에는 이것을 음식과 바꾸어서 스스로 살아 가리라고 생각한 일이 있다. 지금 그것을 여러 스님들에게 보시하자. 하루 이틀쯤 음식을 얻지 못하더라도 죽지는 않을테니까.'

그리하여 스님들이 공양이 끝나는 것을 엿보아 그 돈 두냥을 보시하였습니다.

그 때에 그 스님들 법에는 어떤 사람이 보시하면 '유나스님(維那스님. 절의 사물을 맡고, 모든 일을 지휘하는 소임을 하는 스님)'가 앞에 서서 축원을 하게 되어 있었습니다.

그러나 그 때에는 상좌上佐가 유나스님의 축원을 허락하지 않고 자기가 스스로 축원하였으므로, 여러 하좌下佐들은 매우 못마땅한 마음으로 이렇게 생각하였습니다.

'저 거지 여자의 돈 두냥을 얻어 상좌가 가벼이 그를 위하여 스스로 축원하는데, 보통 돈을 보면 어떻게 그렇지 않겠는가.'

그 때에 상좌는 곧 자기가 먹을 밥의 반을 갈라 두었다가 그 여자에게 주었다. 사람들은 상좌가 여자에게 밥을 많이 주는 것을 보고, 그들도 그 여자에게 밥을 많이 주었습니다.

그 때에 그 여자는 무거운 짐의 음식을 얻어 가지고 매우 기뻐하면서,

'나는 마침 보시하여 지금 그 갚음을 얻었다.' 하고, 그 음식을 가지고 도로 산을 내려가다가 어떤 나무 밑에 이르러 누워잤습니다.

마침 그 때에 왕의 큰 부인이 죽은 지 이레가 되었습니다. 왕은 사자使者를 보내어 온 나라를 돌아다니면서,

'누가 복덕이 있어서 왕의 부인이 될 만한가.' 하고 새로운 왕비를 찾아 다녔습니다.

그 때에 상장이는 점을 치고 말하기를,

'저 누른 구름 밑에는 반드시 현인이 있을 것이다.' 라고 하였습니다.

그래서 사자는 그를 데리고 그 나무 밑에 가서 그 여자를 보았습니다. 얼굴빛은 윤택하여 복덕의 상이 있고, 나무는 구부러져 그 밑에 그늘을 지어 그림자를 옮기지 않았습니다.

상장이는 말하였습니다.

'이 여자의 복덕은 부인이 될만 합니다.'

사자는 그녀를 향탕香湯에 목욕시키고, 그녀에게 부인의 의복을 주니, 크지도 않고 작지도 않아 몸에 꼭 맞았습니다.

일천 수레와 일만 기병이 좌우를 호위하여, 그녀를 데리고 왕궁에 이르렀습니다. 왕은 그녀를 보고 매우 기뻐하고 공경하며 존중하였습니다.

이렇게 며칠을 지내다가 그 여자는 가만히 생각하였습니다.

'내가 이런 부와 복의 인연을 얻은 것은 그 돈을 보시하였기 때문이

다. 지금 저 스님들은 내게 크고 무거운 은혜가 있다.'

그 여자는 왕에게 아뢰었습니다.

'나는 전에 몹시 빈천하였는데, 왕에게 뽑히어 지금은 사람답게 되었습니다. 내게 저 스님들의 은혜를 갚게 하여 주소서.'

왕은 말하였습니다.

'그대 마음대로 하오'

부인은 음식과 보물을 수레에 싣고 그 산으로 가서 스님들에게 보시하였습니다. 그러나 그 상좌는 일어나지 않고 유나스님을 보내어 축원하면서 자기는 나와 축원하지 않았습니다.

왕의 부인이 말하였습니다.

'내가 옛날 돈 두냥을 보시하였을 때에는 나를 위해 축원하였사온데, 지금은 수레에 보배를 실었어도 왜 나를 위해 축원하시지 않습니까.'

또 여러 젊은 비구들도 모두

'저 상좌는 전에는 가난한 여자가 돈 두냥을 보시할 때에는 그녀를 위해 축원하더니, 지금은 왕의 부인이 수레에 보물을 싣고 왔어도 축원하지 않는구나. 늙은 망녕인가.' 하고 말했습니다.

그 때에 상좌는 왕의 부인을 위하여 바른 법을 연설하고는 말하였습니다.

'부인이여, 전에 돈 두냥을 보시할 때에는 나를 위해 축원하더니, 지금은 수레에 보물을 실었어도 축원하지 않는다고 생각하여 내게 불평하십니까. 우리 불법에서는 보물을 귀하게 여기지 않고, 오직 착한 마음을 귀히 여길 뿐이요. 부인이 전에 돈 두냥을 보시할 때에는 착한 마음으로 가득하였는데, 지금 보물을 보시하매 내로라고 뽐내는구료. 그래서 지금 당신을 위해 축원하지 않는 것이요. 또 젊은 도인들도 내게 불평하지 마시오. 당신들은 집을 떠난 뜻을 깊이 알아야 하오.'

여러 젊은 도인들은 각기 부끄러워하고 모두 스로오타아판나의 도를 얻었고, 왕의 부인도 법을 듣고는 부끄러워하고 기뻐하면서 또 스로오타아판나의 도를 얻었습니다. 그리고 법을 듣고는 예배하고 떠났습니다.

나 자신도 모르는 욕심을 버려야 진정으로 조상공양하는 마음이라 할 것입니다.

10 개미를 구제하고 수명이 길게 된 인연

옛날 어떤 아라한 도인이 한 사미(출가하여 10계를 받아 지니는 나이 어린 남자아이)를 길렀습니다. 그는 그 사미가 칠 일 뒤에는 반드시 목숨을 마칠 것을 알고, 그에게 말미를 주어 집에 돌려 보내면서 칠 일이 되거든 돌아오라고 분부하였습니다.

사미는 스승을 하직하고 집으로 돌아가는 도중에 개미들이 물을 따라 떠내려 가면서 곧 죽게 된 것을 보았습니다. 그는 자비심이 생겨 가사를 벗어 거기에 흙을 담아 물을 막고, 개미들을 집어서 마른 땅에 올려 놓아 개미들은 모두 살게 되었습니다.

그 후, 칠 일이 되어 그는 스승에게 돌아갔습니다.

스승은 이상히 여기고 선정에 들어가 사미를 관찰하다가, 그가 다른 복은 없는데 목숨을 연장하게 된 것은 개미를 구제한 인연임을 알았습니다.

그런 인연으로 사미는 칠 일만에 죽지 않고 수명을 늘리게 되었습니다.

(출처 한글 대장경, 동국역경원 刊)

모든 생명체는 마음을 가지고 있어 은혜나 보시, 공양을 받으면 반드시 그에 대한 복을 준다고 합니다. 조상공양하는 마음 역시 죽어가는 생명을 구제하는 마음으로 한다면 반드시 자신도 복을 얻게 될 것입니다.

제 11 화

11 건타국왕이 묵은 절탑을 중수하고 목숨을 늘린 인연

옛날 건타위국에 어떤 왕이 있었습니다.

어떤 밝은 상장이가 왕의 상相을 보매, 왕은 칠 일 뒤에는 반드시 목숨을 마치게 되어 있었습니다.

그런데 왕은 사냥을 나갔다가 다 허물어진 어떤 묵은 탑을 보고 곧 신하들과 함께 그것을 수리하였습니다. 그리고 기뻐하면서 궁으로 돌아왔는데 칠 일이 지나도 아무일이 없었습니다.

상장이는 칠 일이 지난 것을 보고 이상히 여겨 왕에게 물었습니다.

'어떤 공덕을 지으셨습니까.'

왕은 대답하기를,

'아무 공덕도 지은 것이 없다. 다만 어떤 부서진 탑을 진흙으로 수리한 것 뿐이다.' 라고 하였습니다. 탑을 수리하는 공덕은 이와 같은 것입니다.

(출처 한글 대장경, 동국역경원 刊)

인명은 재천이라고들 합니다. 그러나 자신도 모르는 동안 스스로 남에게 보이려하지 않는 공덕을 쌓으면 하늘도 감동하는 것입니다. 그것은 진실한 마음에서만 존재하는 것입니다.

제 12 화

12 비구가 절 승방 벽의 구멍을 막아 목숨을 늘린 인연

옛날 한 비구가 죽을 때가 되었습니다.

마침 어떤 외도 바라문이 그 상을 보매, 칠 일 뒤에는 그 비구가 반드시 목숨을 마치게 되었습니다.

그 때에 비구는 승방에 들어갔다가 벽에 구멍이 난 것을 보고, 곧 진흙을 뭉쳐 구멍을 막았습니다. 그 복으로 말미암아 그의 수명을 늘려

칠 일을 지나게 되었습니다.

바라문은 그것을 보고 이상히 여겨 물었습니다.

'당신은 어떤 복을 닦았습니까.'

비구가 대답하기를,

'나는 아무 복도 닦은 것이 없소. 다만 어제 승방에 들어갔다가 그 벽에 구멍이 난 것을 보고 수리하였을 뿐이요.'

바라문은 찬탄하면서,

'승가의 복 밭은 가장 깊고 무거워서 능히 죽을 비구도 그 수명을 늘리게 하는구나.' 라고 하였습니다.

(출처 한글 대장경, 동국역경원 刊)

조상공양은 조상님의 마음을 감동시키는 일을 하는 것이라고 합니다. 무조건 물질적인 공양을 하는 것 보다는 마음의 정성이 무엇보다 중요할 것입니다.

제 13 화

13 가난한 여자가 수닷타에게 천을 보시하고 하늘에 난 인연

그 때에 수닷타 장자는 이렇게 생각하였습니다.

'우리 집에 난 사람은 목숨을 마친 뒤에도 나쁜 길에 떨어지지 않을 것이다. 왜 그런가 하면, 내가 모두 깨끗한 법으로 가르쳤기 때문이다.

나는 지금도 빈궁하여 곤고한 사람이나, 믿거나 믿지 않는 사람은 선법으로 가르쳐 부처님과 스님들에게 공양하게 하리라.'

그리고 이 사실을 프라세나지트왕에게 자세히 아뢰었습니다.

왕은 곧 북을 치고 방울을 울리면서 영을 내렸습니다.

'지금부터 칠 일 뒤에 수닷타 장자는 사람들에게 교화하고 구걸하여 삼보에 각각 공양하려 한다. 모든 인간들은 각각 그를 따라 기뻐하고 얼마라도 보시하라.'

칠 일 되는 날, 수닷타 장자는 여러 사람들에게 보시를 청하였습니다.

어떤 가난한 여자가 고생하여 번 돈으로 겨우 천 한 조각을 얻어 몸을 가리고 있다가 수닷타가 구걸하는 것을 보고 그에게 보시하였습니다.

수닷타는 그것을 받고는 그 뜻을 기특히 여겨, 재물과 곡식과 비단옷을 그의 요구대로 대어 주었습니다. 그 뒤 가난한 여자는 목숨을 마치고 천상에 나게 되었습니다.

그는 부처님께 나아갔습니다. 부처님이 그를 위해 설법하시니 그는 스로오타아판나를 얻었습니다.

비구들은 부처님께 여쭈었습니다.

'저 천녀는 어떤 인연으로 천상에 나게 되었나이까.'

부처님은 말씀하셨습니다.

'그는 옛날 인간에 있을 때에 수닷타 장자가 교화하고 구걸하는 것을 보고 마음으로 기뻐하여, 제가 입었던 흰 천을 수닷타에게 보시하였다. 그 선업으로 말미암아 천상에 나게 되었고, 또 내게서 법을 듣고는 믿고 이해하여 스로오타아판나를 얻었느니라.' 고 하셨습니다.

(출처 한글 대장경, 동국역경원 刊)

조상공양에 있어서 가장 중요한 것은 자신이 가장 소중하고 절박하게 간 직한 것을 아낌없이 공양하는 것입니다. 재물의 많고 적음이 아닌 것입니다.

14 일곱가지 보시의 인연

부처님은 말씀 하셨습니다.

'일곱가지 보시가 있으니,

첫째는 눈의 보시이니, 언제나 좋은 눈으로 부모, 스승, *사문, *바 라문을 대하고 나쁜 눈으로 대하지 않는 것을 눈의 보시라 한다. 그는 몸을 버리더라도 몸을 받아 청정한 눈을 얻고, 미래에 부처가 되어서는 하늘 눈이나 부처 눈을 얻을 것이니, 이것을 첫째 *과보라 하느니라.

둘째는 화한 얼굴과 즐거운 낯빛의 보시이니, 부모, 스승, 사문, 바라 문에게 찌푸린 얼굴로 대하지 않는 것이다. 그는 몸을 버리더라도 다시 몸을 받아 단정한 얼굴을 얻고, 미래에 부처가 되어서는 순금색의 몸이 된다. 이것을 둘째 과보라 하느니라.

---

*사문(沙門) : 처자 권속을 버리고 수도생활을 하는 이를 총칭함.

*바라문(婆羅門) : 인도의 최고 계급인 브라만 계급인 자. 신의 대변자로 권위를 가진 자.

*과보(果報) : 동류인同類因－선행으로 선의 결과를 얻고, 악행으로 악의 결과를 얻는 것－으로 생기는 결과를 果, 이숙인異熟因－우리의 육체는 선도 아니고 악도 아니나, 선과 악의 악의 결과를 얻는 것－으로 생기는 결과를 報라함. 이숙인에 따라 얻는 報.

셋째는 말씨의 보시이니, 부모, 스승, 사문, 바라문에 대하여 부드러운 말을 쓰고 추악한 말을 쓰지 않는 것이다. 그는 몸을 버리더라도 다시 몸을 받아 변재를 얻고, 그의 하는 말은 남이 믿고 받아 주며, 미래에 부처가 되어서는 네가지 *변재를 얻는다. 이것을 셋째 과보라 하느니라.

넷째는 몸의 보시이니, 부모, 스승, 사문, 바라문을 보면 일어나 맞이하여 예배하는 것이다. 이것을 몸의 보시라 한다. 그는 몸을 버리더라도 다시 단정하고 장대하며 남의 공경을 받는 몸을 얻고, 미래에 부처가 되어서는 몸이 냐그로오다 나무와 같아서 그 정수리를 보는 이가 없을 것이니 이것을 넷째 과보라 하느니라.

다섯째는 마음의 보시이니, 위에 말한 바와 같은 일로써 공양하더라도 마음이 화하고 착하지 못하면 보시라고 할 수 없다. 착하고 화한 마음으로 정성껏 공양하는 것이 마음의 보시이다. 그는 몸을 버리더라도 다시 몸을 받아 밝고 분명한 마음을 얻어 어리석지 않고, 미래에 부처가 되어서 일체를 낱낱이 아는 지혜를 얻었나니, 이것을 다섯째 과보라 하느니라.

여섯째는 자리의 보시이니, 만일 부모, 스승, 사문, 바라문을 보면 자리를 펴 앉게 하는 것이다. 그는 몸을 버리더라도 다시 몸을 받아 항상 일곱가지 보배로 된 존귀한 자리를 얻을 것이요, 미래에 부처가 되어서

---

*변재(辨才) : 辨은 변별, 才는 재능을 말하니, 이치를 분명하게 판단하여 분별하는 재주를 말함.

는 사자법좌師子法座를 얻을 것이다. 이것을 여섯째 과보라 하느니라.

일곱째는 방이나 집의 보시이니, 부모, 스승, 사문, 바라문으로 하여금 집안에서 다니고 서며 앉고 눕게 하는 것이다. 이것을 방이나 집의 보시라 한다. 그는 몸을 버리더라도 다시 몸을 받아 저절로 궁전이나 집을 얻고, 미래에 부처가 되어서도 온갖 선실禪室을 얻을 것이니, 이 것을 일곱째 과보라 하느니라.

이 일곱가지 보시는 재물의 손해가 없이 큰 과보를 얻느니라.' 라고 하시었습니다.

(출처 한글 대장경, 동국역경원 刊)

조상공양은 일곱가지 보시와도 같습니다. 공양할 재물이 없어도 평소 이러한 보시를 행한다면 반드시 조상님의 은덕과 더불어 복받는 과보가 될 것입니다.

제 15 화

15 불효한 며느리가 시어머니를 죽이려 하다가 도리어 남편을 죽인 인연

옛날 어떤 며느리가 성질이 사납고 거칠어 예법을 따르지 않고 항상 하는 말은 그 시어머니와 어긋났습니다.

시어머니의 꾸중을 들을 때마다 늘 불평을 품고 원망하는 마음이 더욱 왕성하여, 가만히 그 시어머니를 죽이려 하였습니다.

그 뒤에 한 꾀를 쓰되, 남편을 시켜 시어머니를 죽이게 하였습니다. 남편은 어리석어 아내의 말을 듣고, 어머니를 데리고 광야로 가서 손발을 묶고 죽이려 하였습니다.

그 심한 죄역罪逆은 하늘까지 사무쳐 구름과 안개가 사방에서 모여들면서 벼락을 내려쳐 그 아들을 쳐 죽였습니다.

시어머니가 살아서 집에 돌아가자 아내는 문을 열면서 시어머니를 남편으로 알고 대뜸 물었습니다.

'죽였습니까?'

시어머니는 대답하였습니다.

'죽였다.'

그 이튿날이 되어 여자는 비로소 남편이 죽은 것을 알았습니다.

불효한 죄의 '현재 갚음'이 이와 같거늘, 뒤에 지옥에 들어가면 한량없는 괴로움을 받을 것입니다.

(출처 한글 대장경, 동국역경원 刊)

부모님 살아 생전에 효도함은 두 말할 필요가 없겠고, 백번 천번 효도를 강조하여도 부족하다할 것입니다. 이러한 효도하는 마음이 없는 조상공양은 하지 않는 편이 낫습니다.

16 병을 고쳐준 댓가를 서운하게 생각한 인연

옛날 어떤 큰 나라 왕이 몸에 중한 병을 얻어 십이 년 동안 낫지 않고, 어떤 의사도 고치는 이가 없었습니다.

그 때에 그 큰 나라 왕이 통솔하는 변방의 작은 나라에 한 의사가 있어 병을 잘 다스렸습니다. 왕은 곧 그를 불러와 자기 병을 다스리게 하였더니 오래지 않아 병이 낫게 되었습니다. 왕은 곧 이 스승의 은혜를 갚으리라 생각하고, 여러 번 사자를 그 작은 나라에 영을 내렸습니다.

'이 스승은 왕의 병을 다스려 나았다. 큰 공이 있으니 마땅히 상을 주어야 하는데, 코끼리와 말, 수레, 소, 양, 밭, 집과 사환과 당직과 장식꺼리를 모두 다 주어라.' 하였습니다.

작은 나라의 왕은 위의 명령을 받들어 사택과 높고 훌륭한 집과 층계 집을 짓고, 그 의사의 부인에게는 의복과 음식과 진주와 장식 도구를 주고, 코끼리와 말, 소, 양 등 일체를 모두 갖추어 주었습니다.

의사는 큰 나라 왕의 곁에 있었는데, 아무도 이러한 사실을 말해 준 이가 없었습니다.

의사는 생각했습니다.

'나는 왕의 병을 다스려 크게 공이 있다. 왕이 내게 은혜를 갚을는지 모르겠다.'

다시 며칠이 지나 왕은 더욱 회복되어 의사는 하직하고 본국으로 돌아가기를 청하였습니다.

왕은 곧 허락하고 여윈 말 한 마리를 주는데, 그 말 타는 기구도 다 헤진 것이었습니다. 이를 본 의사는 실망하고,

'나는 왕의 병을 다스려 큰 공이 있다. 그런데 왕은 내 은혜를 모르고 처리도 하지 않고 헛되이 떠나게 한다.' 하고, 길을 떠나 가면서 탄식하며 깊은 원한을 삼았습니다. 본국에 돌아가자 마자, 그는 지나가는 코끼리 떼를 보고 그 코기리를 지키는 사람에게 물었습니다.

'이것은 누구의 집 코끼리인가?'

코끼리 지키는 사람은 대답하였습니다.

'이것은 그 아무 의사의 코끼리입니다.'

의사가 묻기를,

'아무 의사는 어디서 이 코끼리를 얻었는가?'

코끼리 지키는 사람은 대답하기를,

'아무 의사는 대왕의 병을 다스려 고쳤는데, 공의 갚음으로 얻은 것입니다.'

의사는 다시 조금 더 가다가 말 떼를 보고 그 마부에게 물었습니다.

'이것은 누구의 집 말인가?'

마부는 대답하였습니다.

'그 아무 의사의 말입니다.'

다시 조금 더 가다가 소와 양 떼를 보고 그 양지키는 사람에게 물었습니다.

'이것은 누구의 집 소와 양인가?'

양 지키는 사람이 대답하였습니다.

'그 아무 의사의 소와 양 입니다.'

다시 조금 더 가다가 그 사택과 높고 훌륭한 집과 층계집과 특별한 집을 보고 문지기에게 물었습니다.

'이것은 누구의 집인가?'

문지기는 대답하였습니다.

'이것은 그 아무 의사의 집입니다.'

의사는 그 집안에 들어가 부인의 얼굴 빛이 만족스럽고 즐거우며, 몸에는 보배로운 옷을 입은 것을 보고 이상히 여겨 물었습니다.

'저이는 누구의 부인인가?'

당직은 대답하였습니다.

'저이는 그 아무 의사의 부인입니다.'

거기서 코끼리와 말을 바라보면서 집안에 들어가, 그것이 모두 왕의 병을 고쳐 그 공의 갚음으로 얻은 것임을 알고, 곧 스스로 한탄한 것을 뉘우쳤습니다.

처음에 왕의 병을 다스려 공이 적은 것은 복덕에 비유한 것이요, 복덕이 더딘 것은 왕의 병과 같으며, 의사는 복을 닦는 사람에 비유한 것이요, 왕의 병을 고치는 것은 수행하는 사람이 복을 닦는데 비유한 것이며, 왕의 병이 나은 것은 복덕이 이미 성취한 것과 같고, 왕이 영을 내려 코끼리와 말과 집을 상으로 준 것은 복은 여기서 쌓고 갚음은 저기서 받는다는 것입니다.

대개 공덕의 빠르기를 바라는 사람은 항상 그 갚음이 더딘 것을 걱정합니다. 그것은 마치 어떤 사람이 조그마한 믿음으로 가끔 복을 짓고는, 곧 아침이나 저녁의 갚음을 바라는 것과 같습니다.

그리하여 노, 병, 사가 닥치면 그것은 자연으로서 좋은 갚음이 없다고 생각합니다.

그러나 하늘의 중음(中陰. 사람이 죽은 뒤 다음 생을 받기까지의 기간, 칠칠 일, 사십구 일)을 얻으면 으레 선이 갖추오는데, 그것은 저 의사가 코끼리와 말을 보는 것과 같고, 그 중음을 타고 하늘 궁전에 이르러, 거기서 나生는 음陰을 받아 눈으로 천당의 갖가지 장식을 보고는 비로소 옛날에 복을 많이 짓지 않은 것을 알고 후회하는데, 그것은 저 의사가 이미 상을 받고 병을 다스린 공이 적다고 한탄하는 것과 같은 것입니다.

(출처 한글 대장경, 동국역경원 刊)

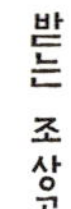

조상공양을 하면 반드시 복을 받습니다. 그러나 조상공양하여 복을 받고자 하는 사람에게 반드시 복이 돌아가는 것은 아닙니다. 즉, 다른 사람이나 가족, 친지들 중에서 그 복을 받을 수도 있는 것입니다. 그러므로 자기 자신이 복을 받지 못하였다고 하여 실망하지 말고 넓은 마음으로 현실을 받아 들이다 보면 언젠가는 그 복이 돌아오고야 말 것입니다.

본 저자는 이 이야기가 조상공양을 행하는 핵심이라고 생각합니다.

제 13 장 대장경 본연부에 나오는 효와 공양에 관한 이야기

제14장
묘터, 집터에 관한 이야기

우리나라의 불교나 토속신앙에는 풍수지리사상이나 도참사상이 잠재되어 있습니다. 특히 조상님에 대한 각별한 정성을 풍수지리사상에 맞추어 음택(陰宅. 묘자리 혹은 묘자리를 정하는 일)을 정하는 경우는 우리의 당연한 전통적 풍습이라고 하겠습니다.

음택을 함에 있어서 좋은 명당에 정하려 하는 것은 후손들이 조상님을 위하는 마음일 뿐만아니라, 후손들이 조상님의 기운을 입어 발복하고자 하는 의도도 있다할 것입니다.

지금은 좁은 국토에 명당을 찾기란 쉽지도 않고, 시대의 흐름이 화장火葬으로 선회하고 있기 때문에 여기서 말하고자 하는 이야기들은, 다만 조상공양에 있어서 옛 조상님들의 효심孝心과 더불어 지혜智慧와 신심信心을 엿보기 위함이니 이점 양해 있으시기 바랍니다.

1 명당과 종부(宗婦. 종가의 맏며느리)

옛날 경상도 영양 지방에 풍수설에 통달한 화주도사라는 사람이 있었습니다.

그는 이 지방 사람들의 올바른 치산치수治山治水를 위해 남달리 애를 썼던 사람으로 이 지역 사람들이 묘터나 집터를 살필 일이 있으면 구석구석 돌아다녀 명당 자리를 구해주곤 했습니다.

하루는 도사가 잡푸대기재(일월면 도곡과 청기면 당동 사이의 고개)에서 산세山勢를 살피기 시작했습니다. 일월산이 있는 쪽으로 눈길을 돌리니 천하를 굽어보는 듯한 웅건한 산줄기가 명당 자리를 품고 있음직한 생각이 들어 발길을 그곳으로 옮겼습니다.

맑은 바람은 온 산의 솔가지 사이를 지나 화주도사의 옷자락을 휘감았고, 밝은 햇빛은 맑은 골짜기 물을 따뜻하게 데우는 듯 했습니다.

계곡물을 옆에 끼고 조금 더 산을 올랐더니 명당이 화주도사 눈 앞에 나타났습니다. 그곳은 토끼가 달을 쳐다보는 모습의 형상인 망토월형望兎月形의 명당이었습니다. 후대에 가운이 번성하고 출중한 인물을 얻을 수 있는 자리임에 틀림이 없었습니다.

그런데 화주도사는 명당 주위를 보더니 한 가지 우려되는 점을 발견하게 되었는데, 본시 명당이란 쉽게 보통 사람의 눈에 띄지 않는지라 그 자리도 멀고 가까운 주위가 보통 사람이 함부로 넘보지 못할 만큼 장엄하였습니다.

소나무가 울창하였고, 그 솔가지 사이로 불어오는 바람은 장중한 느낌을 줄 정도여서 큰 짐승 한마리가 도사리고 있음직하다고 직감하게 된 것입니다.

화주도사는 명당자리에 책상다리로 앉아 눈을 지긋이 감고 한참이나 골똘히 생각해 보니, 아뿔사, 그 자리는 명당이면서도 한 가지 흠이 있었던 것이었습니다. 그것은 다름아니라 그 자리를 묘지로 쓸 경우, 가문의 번성은 말로 형용할 수 없을 정도일 것이나 한 차례 재앙이 있게 되는데, 장차 그 가문의 맏며느리가 호식(虎食. 호랑이 밥. 호랑이에게 물려 죽음.)을 당하는 일이 생기는 것이었습니다.

기쁨과 아쉬움에 마음이 착잡해진 화주도사는 산정을 넘어오는 청풍에 이마의 땀을 씻으며 산을 타고 내려왔습니다.

거처로 돌아온 화주도사는 그 명당 자리를 다시금 생각하고 마음의 정리를 하게 되었습니다.

'흠…….가문으로서는 더없이 좋으나 장례를 치르고 3일만에 종부宗婦가 호식이 된다니…….'

명당 자리를 보아 온 수십 년에 더할 나위없는 좋은 터를 찾았다고 확신 했으나 누구도 희생을 감수하고 그 자리를 택할 사람이 나타나지 않을 것 같은 생각에 안타까움은 이루 말 할 수 없었습니다.

그런 흠이 없는 더 좋은 명당 자리를 보아 둘 수는 없는가 싶어 며칠을 첩첩산중으로 산길, 물길을 따라 다녔습니다. 아무리 찾아도 그 이상의 명당 자리는 없었습니다. 화주도사는 며칠을 두고 탄식하며,

'내 힘으로 그 재앙을 없앨 수는 없을까…….' 하고, 몇 번을 궁리해도 묘한 수가 나지 않았습니다.

그로부터 몇 달 뒤, 한양 조씨인 영양의 주실 조씨趙氏 집안에 초상이 났습니다. 조씨 집안에서는 묘지로 쓸 명당 자리를 찾기 위해 화주도사를 찾아왔습니다. 이에 화주도사는 조씨가문의 사람들에게 그 명당 자리를 이야기 했습니다.

'호식의 재앙도 감수하겠다면 이 보다 더한 명당은 나로서는 일찍이 본 적이 없소이다.'

조씨가문에서는 문중에서 의논하겠다며 돌아가, 문중의 번성을 위하여 재앙을 감수할 것이냐, 명당 자리를 달리 구할 것이냐로 열띤 논의를 하게 되었는데, 이 이야기를 전해 들은 종부宗婦는 문중의 어른들에게 자신의 생각을 말하였습니다.

'문중이 흥한다면 저 하나 쯤은 기거이 희생을 감수하겠으니 개의치 마시고 그 명당 자리를 묘지로 쓰도록 하십시오.'

이를 만류하는 어른들도 더러 있었으나, 종부의 문중에 대한 지성에 감탄하여 모두가 그 뜻을 따르기로 하였습니다.

이 소문이 삽시간에 영양 고을에 퍼지자 모두가 한결같이 그 종부를 칭찬하기를 아끼지 않았습니다.

'조씨 문중에 효부났다!'

'우리 영양 고을의 자랑거리다!'

'조씨 문중은 정말 앞으로 번성하고 출중한 인물이 많이 날거야.'

며칠 뒤, 그 명당 자리에 묘를 쓰고 장례를 마친 조씨 문중에서는 호식의 재앙을 막을 방법을 모색하게 되었습니다.

'사흘 뒤의 재앙을 우리 힘으로 막아보자.'

마을 장정들은 밤을 새워가며 그 집 주위를 애워싸고 경계를 폈습니다. 하루가 지나고 이틀이 지나기까지 그 밤을 무사히 보냈습니다. 마지막 남은 사흘 밤이 고비였습니다. 장정들은 더욱 긴장하여 그 집 주위를 경계하게 되었습니다. 그 밤이 다 지나고 새벽이 되도록 별다른 일이 없이 보냄을 기뻐한 장정들은 종부가 거처하는 방으로 가서 종부를 불렀습니다.

'아씨, 이제 모든 재앙이 없어졌으니 염려말고 나오십시오.'

그런데 방안에서는 아무 반응이 없었습니다. 몇 번을 불러도 아무 대답이 없었습니다. 이상하게 여긴 장정들은 방문을 열었습니다.

아, 그런데 이것이 어찌된 일인가!

종부가 어디로 갔는지 그 자취가 없는 것이 아닌가!

불길한 예감에 싸인 장정들은 혹시나 하여, 방문과 마루 주위를 살펴 보았습니다.

그러나 그 곳에는 사람의 발자국도, 짐승의 발자국도 없었고 문짝 하나도 상하지 않았습니다. 경악을 금치 못하던 장정들과 문중 어른들은 종부를 찾아 주위를 헤매게 되었습니다.

이 이야기를 들은 화주도사는 가슴이 저려오는 안타까움에 마음을 가누지 못한 채, 혼잣말을 하며 하늘을 우러렀습니다.

'나의 힘으로 막을 수 없는 재앙을 알고도 왜 자리를 이야기 했던가……'

아수라장이 된 조씨가의 모습을 보고는 그 명당 자리를 향하여 후회의 한 숨을 내쉬었습니다.

조씨가 사람들은 종부의 행적을 찾기 위해 온 산을 며칠 동안 찾아 헤매었습니다.

머칠을 헤매었을까, 저녁녘이 다 되어 장정들 일부는 명당 자리에서 얼마쯤 떨어진 산기슭 주위에서 까마귀 우는 소리가 들려옴을 확인했습니다.

무언가 발견한 장정들이 놀라 까마귀 우는 소리가 나는 쪽으로 달려가게 되었는데, 그야말로 경악을 금치 못할 광경이 펼쳐져 있었습니다.

높이가 상당한 소나무의 윗가지에 종부의 옷자락과 머리카락, 뼈와 비녀만 뒤엉켜 걸려 있는 것이 아닌가!

비참한 광경에 슬픔을 이기지 못하던 마을 사람들이었지만, 조시댁 종부의 지극한 효성과 그 희생에 감동하여 후하게 장사를 치러주었습니다.

그 후 영양 고을의 한양 조씨는 가문이 번창하였으며, 뛰어난 재주를 가진 인재가 많이 배출 되었다고 합니다.

(출처 '傳統文化의 脈—慶北道敎育委員會 刊')

명당에 묘를 써서 가문이 번성한 것도 있겠지만, 맏며느리의 문중을 번성하게 하기 위한 숭고한 정신이 후대에 전하여 진 것은 아닐까 하는 생각을 해 봅니다.

2 서류재鼠留在 이야기

이 이야기는 음택에 관한 이야기는 아니나, 풍수사상에 관한 조상님의 지혜를 엿볼 수 있는 이야기입니다.

고령군 덕곡면 노동에 상비산象鼻山이 있는데, 산 밑에 있는 마을 이름이 옛날에는 상비리象鼻里였다고 합니다.

그런데 언제부턴가 상비리를 서류재鼠留在라 부르게 되었는데, 그 연유는 다음과 같다고 합니다.

멀리서 보면 준령을 따라 상비산이 낮아지면서 아늑한 골짜기에 옹기종기 평화스러운 집들이 다정하게 모여 한 촌락을 이루고 있는 이 마을에 무슨 영문인지 한 해가 멀다하고 흉한 일들이 잇달아 일어나고 있었으니, 그것은 흉년이 들지 않으면 무서운 전염병이 유행했고, 그럭저럭 한 해가 넘어가는가 싶으면 난데없는 호랑이가 나타나 사람을 잡아먹던가, 그렇지 않으면 시집을 보내기 위해 날을 받아 놓은 처녀가 갑자기 미쳐 버리는 등 상상치도 못할 갖가지 좋지 못한 일들이었습니다.

그래서 마을 사람들의 걱정은 태산 같았으며 둘만 만나면 그 타계책을 의논해 보았지만 별다른 방법은 없었습니다.

그러는 동안 형편이 넉넉한 집은 이 곳을 떠나는가 하면, 외지에서는 이 마을이 흉촌이란 소문이 나 이사를 오려고 하는 사람도 없게 되었습니다.

작년의 흉년 상처가 미처 아물기도 전에 몹쓸 돌림병이 이 마을에 침입하여 집집마다 환자가 없는 집이 없었으며 어떤 집은 몇 명의 가족이

한꺼번에 그 무서운 병마에 시달려야 했으나, 워낙 넉넉지 못한 살림에다 흉년까지 겹쳤으므로 외지에 나가 의원을 불러 온다는 것은 꿈 같은 이야기였고, 약다운 약도 제대로 써보지 못한 채 안타까워하고 있을 뿐이었습니다.

게다가 그 전 해의 흉년으로 인하여 평소에도 제대로 먹을 것을 먹지 못했으니 건강은 극도로 악화된데다가 환자라고 해서 특별한 음식을 먹일 형편도 못되었으니 희생자는 날로 늘어만 갔습니다.

그러던 중 어느날, 날이 저물 무렵 도승道僧이 한 분 나타나 모르는 집에 하룻밤 묵어 가기를 청하였으나 어느 집에서나 흉년에 환자가지 있었으니 이 도승을 반갑게 맞아줄 형편이 되지 못하였습니다. 도승은 이 집 저 집 온 동네를 돌아다닌 끝에 어느 집 주인의 허락을 받아 하룻밤 묵어갈 집을 정하게 되었습니다.

저녁상을 물리고 난 후에 도승은 이 동네에 들어오니 마을 사람들이 모두 근심 걱정에 잠겨 수심이 가득찬데다가 인심마저 좋지 않으니 무슨 연유인가 하고 주인에게 물었습니다.

주인은 '그야 당연하지요. 작년에 흉년이 든데다가 금년에 또 몹쓸 돌림병까지 겹쳐 벌서 몇 사람이 죽어 나갔고, 아직까지 집집마다 환자가 있으니까요. 저희 딸년도 병고에 시달리고 있어서 큰 걱정입니다.' 라고 하였습니다.

이 말을 들은 도승은 혀를 끌끌차면서 나무관세음보살을 연방 외더니 당연하다는 듯이 고개를 끄덕였습니다.

집 주인은 도승에게 물었습니다.

'아니, 스님은 우리 마을의 이 불행한 일들을 벌써 알고 계셨다는 말씀입니까? 그렇다면 이러한 액운을 물리칠 수 있는 방도는 없습니까?' 하니,

도승은 안색도 변하지 않은 채,

'내가 오늘 이 마을에 들어온 것이 부처님의 자비심에 의해서병마에 신음하는 이 마을 사람들의 고통을 조금이나마 덜어주기 위해서 온 것입니다.' 라고 하였습니다.

집 주인은 너무나 반갑고 고마워서 그 자리에서 스님에게 큰 절을 올리며,

'스님 제발 제 딸년과 동네에 병든 사람들을 살려 주십시오.' 하면서 간청을 하였습니다.

도승은 여유있는 얼굴에다 빙그레 웃음가지 띠면서,

'걱정하지 마시오. 내가 오늘 그 방법을 가르쳐 드리겠으니 반드시 시키는대로 하시오.' 하면서 다음과 같이 말했다.

'뒷산은 코끼리 형상인데, 이 마을은 코끼리 코가 되는 줄기가 내려온 그 끝에 있으니, 코끼리가 코를 추켜들 때마다 마을에 재난이 일어나는 것입니다. 그러니 코끼리를 꼼짝 못하게 하는 것은 쥐 밖에는 없습니다. 아무리 코끼리라 하여도 쥐가 콧구멍으로 들어가면 꼼짝 못하고 죽을 지경에 이릅니다. 그래서 이 동네의 이름을 쥐가 코끼리 코 끝에 머물러 있다는 뜻으로 서류재鼠留在라고 하면 액을 면할 수 있게 됩니다.'

다음날 도승이 떠난 다음, 그 집 주인은 동네 어른들을 모시고 도승이 한 이야기를 전한 다음 마을의 공론에 붙인 결과 동네에서도 워낙

큰 피해를 입고도 속수무책으로 있던 터라, 이것은 필시 자비로우신 부처님이 불쌍한 우리 마을 사람들을 살리기 위해 모습을 보인 것이니 도승의 뜻에 따를 것을 만장일치로 결의 하여 그 순간부터 마을 이름을 상비리象鼻里에서 서류재鼠留在로 바꾸어 부르기 시작하였습니다.

며칠 뒤부터 신기하게도 질병이 물러가더니 다음 해 부터는 좋지 못한 일들이 더 이상 일어나지 않았다고 합니다.

그래서 이 동네를 그 때부터 서류재鼠留在라고 부르게 된 것이 지금까지 계속 이어져 오고 있다고 합니다. 마을 사람들 중에는 흉사가 일어나지 않는 것도 그 덕택이란 것을 아직까지도 믿고 있는 사람이 있다고 전합니다.

(출처 '傳統文化의 脈—慶北道教育委員會 刊)

제 3 화

3. 학이 날아가 버린 명당

고려 때부터 상주군 외서면 벌야에 자리잡고 권문세가로 행세하며 내려온 가문이 있었습니다.

유교를 숭상하는 가문으로서 승려만 보면 멀리 쫓아 보냈습니다.

지금부터 약 200 년 전 어느 날, 동자승이 시주를 얻으러 온 것을 보고 그를 대문에 매달았다고 합니다. 동자승이 돌아오기를 기다리던 그 절의 주지가 궁금하여 내려와 이 광경을 보고 복수할 것을 마음 먹었습니다.

주지는 이 가문의 내력을 살핀 뒤 그 집에 찾아가,

'이 가문은 조상 산소 한 곳을 잘못 써서 곧 망할 것이다. 내가 명당 터를 구해 줄 터이니 곧 이장을 해야 한다.' 고 속였습니다.

이 말을 곧이 듣고 날을 받아 지금의 외서면 백전 1리 너시동의 앞산에 위치한 산소를 지금의 개곡리 서당골로 이장하기로 결정하였습니다. 그리고 그 산소를 파기 시작하였습니다.

산소를 거의 다 파자 돌연, 사방에 자욱한 안개가 끼더니만 무덤 속에서 두 마리의 학이 튀어나와 하늘 높이 날아가 버렸습니다. 순식간에 일어난 일이라 모두 어리둥절하였습니다.

그런 일이 있은 후, 차츰 그 가문은 기울기 시작하였습니다.

그 가문은 살림이 어려워지자 후손들은 제각기 흩어지기 시작하였고, 종손도 타지방으로 이주했으며, 지금은 외서면 곳곳에 흩어져 몇 집만 살고 있다고 합니다.

우리의 조상들은 명당을 찾아 산소를 쓰면 후손이 번창하고 잘 된다는 풍수지리설을 믿고 있으며, 권문세가에서는 명당을 구하기 위해 많은 노력을 기울였으리라 믿어집니다.

(출처 '傳統文化의 脈—慶北道敎育委員會 刊')

이러한 풍수지리설은 우리 생활에 밀접하게 잠재되어 있으며, 지금도 조상공양의 수단으로나 후손들의 발복을 위해 암암리에 행해지고 있다고

할 것입니다.

좁은 국토를 묘터를 잡기위해 함부로 남용하는 것 자체가 후손들에게 피해를 남겨주는 것이지만, 무언가 그러한 기운이 있다는 것을 전적으로 부정하지는 못할 것입니다.

4 창산창산과 장씨장씨의 묘

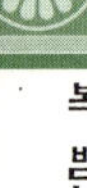

이 묘소는 선산군 해평면 산양동 향산초등학교 뒷산에 자리잡고 있는 묘소입니다.

이 묘소의 주인공은 아산장씨牙山蔣氏의 시조 서서의 17세손으로 평해군수를 지냈던 장양蔣諒이란 사람의 묘소라고 합니다.

마을 사람들이 전하는 바에 의하면 이 묘소의 자손들이 산소에 참배하고 가면 병을 얻어 죽고 만다는 전설 때문에 자손들이 산소에 가까이 가지 않고 먼 곳에서 산소만 바라 보고 절을 하고 돌아 간다는 것입니다.

뿐만 아니라, 동민 중에 학질(말라릴아)에 걸린 사람은 이 묘소에 가서 앞구르기를 두어 번 하면 병이 낫는다고 하며, 또 일제시대 때에는 선산읍에 사는 어떤 사람이 이 묘소 뒤편 백여 보 지점에다 압장壓葬했더니 그의 자손들이 멸망한 적도 있어서 지금도 이 마을 사람들은 이 묘를 두렵게 생각한다고 합니다.

그래서 오래 묵은 묘와 묘비이지만, 아직까지 훼손없이 잘 보존되고 있다고 합니다.

후손들에 의하면 묘가 오래 실전되어 오다가 십여 년 전부터 향사를 지내고 있다고 합니다. 이 때도 전설 때문에 묘 앞으로 바로 들어가지 못하고 묘의 뒤편 위로부터 아래로 밟아 내려와서 묘사를 지내고 있다고 합니다.

풍수지리설에 의하면 이 묘소는 호구형虎口形으로서 호랑이가 크게 입을 벌리고 있는 형상이고, 또 산소의 바로 앞산을 창산槍山이라고 부르는데, 이는 높이 창을 들고 무엇인가 찌르는 모습을 하였기 때문에 붙여진 이름이라고 합니다.

그렇기 때문에 자손이 산소에 와서 참배를 하는 것은 창에 찔려 호랑이 밥이 되어 죽고 만다는 것입니다. 그러나 이 산소는 선산의 8대 명산의 하나로 꼽히는 산이라고 합니다.

한가지 덧붙여 전하는 이야를 소개하면, 이 창산을 장씨의 자손들은 '찌르다'의 뜻을 가진 창산槍山으로 이름을 불렀지만, 동네 사람들은 '부르다'의 뜻을 가진 창산唱山이라고 하였습니다.

이러한 이유에서 그런지는 몰라도 이 동네 사람들은 언제나 노래와 춤을 즐겼다고 합니다. 또한 옛날 공문서에는 '창고'의 뜻을 가진 창산倉山이라고 기록되어 있으며 한편 멀리서 바라보면 그 모습이 장고와 같아서 '장구산'이라고 부르기도 한답니다.

(출처 '傳統文化의 脈–慶北道敎育委員會 刊)

조상님의 묘터에 대한 불가사의한 이야기는 우리 주변에 무수히 많이 구전口傳되오고 있습니다. 묘터를 고를 때 신중함 기하라는 것을 강조한 것이

라고도 할 것입니다.

5 잉어 명당

상주시에서 북쪽으로 삼십여 리 떨어진 공검면 율곡 2리에는 옛 가야 시대의 왕릉이 있었다고 하여 능골陵谷이라고 불리는 마을이 있습니다. 그러나 지금은 왕릉의 자취를 찾아 볼 수 없고, 마을 앞에는 옛날의 왕릉으로 착각할 만큼 잘 꾸며진 '잉어 명당'으로 불리우는 곳이 있습니다.

북으로는 낮은 산을 등지고, 남으로는 탁 트인 들판이 펼쳐져 있어 한 눈에 보아도 시원스런 이곳에 한 묘가 자리 잡고 있습니다.

조선 연산군 때, 대사헌을 지낸 퇴제 권 찰도의 묘가 바로 잉어 명당 자리에 있는 것입니다.

권 찰도의 묘를 볼 때, 무학이라고 하는 지관地官이 현재의 잉어 명당 자리를 가리키며,

'이 곳은 명당 자리요. 부디 너무 깊이 파지 말고 묘를 쓰시오.' 하면서 자손들에게 퇴제의 무덤자리를 잡아주고는 무덤을 두 자 이상 파지 말라고 신신 당부하였다고 합니다.

그러나 퇴제의 자손들은 관을 깊이 묻는 것이 자손된 바른 도리라고 여기고는 지관의 당부를 무시하고 깊이 파내려 갔습니다.

석자 쯤 팠을 때, 갑자기 큰 잉어 한 마리가 불쑥 튀어 나와서 앞에

있는 연못으로 들어가 버렸습니다. 이에 놀란 자손들이 지관의 말을 듣지 않은 것을 후회하면서 그 연못 물을 퍼내고 잉어를 다시 잡아내려고 했으나, 아무리 물을 퍼내고 잉어를 찾아 보아도 찾을 수가 없어서 하는 수 없이 시신을 그대로 입관 했습니다.

이미 잉어가 튀어 나갔기 때문에 명당으로서의 가치가 상실된 줄로 알았지만, 퇴제의 아들은 후에 호조판서까지 지냈으며, 손자는 이조판서의 벼슬에 올랐으며, 손녀는 중종의 며느리가 되었고, 그 후 8 대 손까지 줄 곧 높은 관직에 올랐다고 합니다.

그리고 현재도 많은 자손들이 관계에서 활동하며 잘 살고 있다고 합니다.

일제 때, 명당 앞의 잉어가 들어간 연못을 메웠더니 그 묘의 앞들은 해마다 가뭄이 들어서 농사가 잘 안되어 다시 그 연못 자리에 웅덩이를 팠다고 합니다. 그런 일이 있은 다음 해부터는 신기하게도 농사가 잘 되었다고 합니다.

그 웅덩이는 지금도 논 가운데에 보존되고 있으며, 들에서 일하는 사람들의 식수로 이용되기고 한답니다.

잉어 명당 자리에는 지금도 잘 다듬어진 권 찰도의 묘가 있고, 충효비, 문무관의 석물이 서 있다고 합니다.

오늘날 권 찰도의 자손들은 당시에 지관의 말을 들었더라면 그 후손들이 훨씬 높은 벼슬길에 오르고 자손이 더욱 번창하였으리라 생각하며 아쉬워한다고 합니다.

그리고 이 지역 주민들은 명당 자리에 잉어가 한 마리만 들어있는 것

이 아니라 여러 마리가 있으며, 만일 더 깊이 파고 내려갔다면 잉어의
정기는 모조리 사라졌으리라고들 이야기하고 있으니 풍수도참설에 대
한 우리 나라 사람들의 끈질긴 믿음을 엿볼 수 있다할 것입니다.

(출처 '傳統文化의 脈—慶北道教育委員會 刊)

6 유살론 명당

상주군 화동면 이소 2리 어방漁方마을 뒷산에 있는 명당에 조상의
묘를 써서 자손들이 잘 살고 있다는 이야기 입니다.

지금부터 이백 여 년전, 갯머리(선교)에 한산 이씨가 들어와 부자로
살고 있었습니다.

그는 철저한 유살론가(땅에도 '살리'가 있어 명당에 묘를 쓰면 자손이 번성
한다는 생각)였는데, 부근 어방 마을 뒷산에 명당이 있음을 은밀히 알고
는 자기 소유로 하려고 애썼으나 산의 주인인 과부 광산 노씨가 산을 팔
지 않자 이씨는 어물장수로 가장하여 과부 노씨에게 접근하였습니다.

어물장수로 가장한 이씨는 어물값도 헐하게 주고 외상도 주어 과부
노씨에게 선심을 보였습니다. 마침내 외상으로 빚이 점점 많아져서 산
을 팔지 않고는 도저히 외상 빚을 갚을 수 없게 되자, 이씨는 후한 값을
주고 명당이 있는 과부 노씨의 산을 사들였습니다.

이 명당의 모양이 어옹수조형漁翁垂釣形으로써 고기 낚는 늙은이가
낚시대를 드리우고 있는 형세라고 하였습니다. 이 마을 이름인 어방漁

方도 이에 연유했다고 합니다.

그 후 한산 이씨는 선친을 이곳 명당에 모시고 아랫대에 내려가서는 인근 판곡에 선인무수형仙人舞手形의 명당에 묘를 썼습니다.

선인무수형仙人舞手形이란, 선녀가 춤추는 손의 형국이라는 뜻인데, 그 아랫대에서도 추풍령가는 반고개에 한 곳, 영안동(화동과 모서 사이)에 한 곳, 이렇게 해서 한산 이씨가家의 명당 묘소는 모두 네 곳이라고 합니다.

한산 이씨들은 지금도 선교리에 많이 살고 있고, 후손들이 융성하여 서울, 부산 등지에서, 또 사회 각계 각층에서 많은 활동을 하며 번성하게 잘 살고 있다고 합니다.

여기서는 유살론이 맞아 들어가고 있는 실정이어서 이 사실은 유살론과는 부합되지만 우연의 일치가 아닌가 합니다.

(출처 '傳統文化의 脈—慶北道教育委員會 刊')

7 안장바위 묘

지금부터 백여 년 전에 상주군 화북면 입석 2리 덕암에 사는 남 첨지가 그 부친의 무덤을 안장바위에 쓸 때였습니다. 지나가던 과객이 이를 보고 여기 무덤을 쓰면 맞은편 동네인 충북 괴산군 청천면 삼송 2리 큰 마을에 상서롭지 못한 일이 자주 난다고 했는데도 그대로 장례를 치렀습니다.

그 뒤 3년이 안 되어 남 첨지는 큰 부자가 되었으나 큰 마을 음씨陰氏 집안에서는 소년 죽음이 잇달아 발생하였습니다.

이에 음씨 집안에서는 쌀 석 섬을 주고 사정하여 무덤을 이장하게 하였는데, 이장할 때 보니 장례한지 5년이 넘었는데도 무덤 속의 시신이 조금도 안 변하고 오히려 황금빛이 났다고 합니다.

그 뒤로 안장바위에 무덤을 쓰면 부자가 된다는 소문이 퍼졌고, 근처 사람들은 여기다 몰래 무덤을 썼는데, 그 때마다 음씨 집안에 소년 죽음이 발생하여 음씨 집안에서는 몰래 쓴 무덤을 파헤치곤 했다고 합니다.

광복 이후, 화북면 내에서 이름이 나 있는 이 모씨는 후손이 없어 대가 끊길 지경에 이르렀는데, 부친 상을 당하자 마을 사람들의 끈질긴 반대를 무릅쓰고 이 안장바위에 부친의 무덤을 썼습니다.

그러자 이 모씨는 죽고 그 부인은 미쳤는데, 부인에게서 유복자가 태어났습니다. 그 유복자는 어느 회사 중역으로 잘 살고 있다고 하며, 그 일이 있은 후 음씨 집안의 화는 더 이상 생기지 않았다고 합니다.

그 안장바위묘는 경북 상주군 화북면 입석리 산 26번지에 있습니다.

남에게 해가 되는 일을 하면 그 화가 곧 나에게로 돌아온다는 사실을 일깨워 주는 이야기 였습니다.

(출처 '傳統文化의 脈—慶北道教育委員會 刊')

만리산의 용터

상주군 사벌면 퇴강리만리산 중턱 계곡에 '용터'라는 계곡이 있습니다.

이 용터 이야기는 지금부터 400여 년 전 금씨琴氏 가문에서 일어났던 이야기에서 시작됩니다.

이 용터에 묘를 쓰면 자손들이 부귀 영화를 누리고 나라를 일으키는 인재가 타어난다고 하였습니다. 그리하여 금씨 가문에서는 이 용터에 묘를 쓴 지 20년 후 비상한 아이가 태어났습니다.

그런데 이상하게도 이 아이 겨드랑이 밑에 작은 비늘 같은 것이 달려 있어 사람들은 이상한 눈으로 보기 시작하였습니다. 아이가 커 가면서 행동이 비범하고 두뇌가 뛰어나 골목에서는 골목대장이 되어 자기보다 나이 많고 큰 아이도 넘어뜨리고 하여, 마을에서는 장수가 났다고 칭송하는 사람이 있는가 하면, 이를 질투하고 시기하는 사람도 있었습니다.

이 아이가 커서 18세가 되었을 때, 이 아이를 시기하는 사람들에 의하여 주살誅殺당하자, 용터의 묘가 파헤쳐지면서 용마가 하늘로 날아갔다고 합니다. 이런 일이 일어난 뒤, 금씨 가문도 가세가 기울어지면서 10년 후에는 완전히 몰락하여 이 마을을 떠나버렸습니다.

이렇게 되자, 마을 사람들은 겁에 질려 하루하루를 살아갔다고 합니다. 그래서 주위에 힘센 장사를 불러 용마를 찾아내서 잡도록 하였으나 번번히 실패하고 말았다고 합니다.

　그러던 중, 임진왜란이 일어나자 정 기룡 장군이 사벌면 전투에서 왜군과 접전 하던 중, 자신의 말이 적의 총에 맞아 쓰러지자 어디선가 난데없이 돌개바람이 불면서 용마가 나타나 정 기룡 장군에게 꼬리를 치며 접근하였습니다. 전투가 멈추고 난 뒤, 정 기룡 장군은 이 용마를 잘 길들여서, 이 후 싸움터마다 이 용마를 타고 출전하여 사벌을 비롯하여 상주 전투에서 크게 승리하였다고 합니다.

　용터에 얽힌 이야기를 통해서 조상들의 명당 찾기에 혈안이 되었던 일들을 가히 짐작하고도 남을 듯 합니다.

(출처 '傳統文化의 脈–慶北道敎育委員會 刊')

제 9 화

9 감남산 명당

　구한말까지 지금의 청송군 진보면은 진보현 소재지였고, 지보현에서 청송부에 이르는 길은 지금의 파천면 신기동에서 험준한 고개를 넘어야 했습니다. 고려 말엽, 진보현에는 풍수지리에 밝은 홍씨洪氏 성을 가진 현감이 재직하고 있었습니다.

　하루는, 현감이 청송부에 볼 일이 있어가는 길에 신기동에서 잠시 쉬게 되었습니다.

현감은 그 곳 산천을 두루 살펴서 신기동 앞에 있는 감남산에 명당이 있음을 알게 되었습니다.

관아로 돌아온 현감은 같이 수행했던 향리에게, '신기 앞산에 봐 둔 명당터가 금계포란형金鷄抱卵形이기 때문에 달걀을 묻어 두고 일주야를 기다리면 병아리가 깨어나올 터이니 시험해 보라' 하면서 달걀을 한 내 주었습니다. 명을 받은 향리는 달걀을 현감이 말한 자리에 묻어 두고 일주야를 기다렸다가 다시 가 봤으나, 병아리 울음소리가 들리지 않아 달걀을 묻어 둔 자리를 파 보니, 그 달걀은 썩은 달걀로 변해 있었습니다.

그 향리는 현감에게 사실대로 보고하였습니다. 보고를 받은 현감은 자신이 터를 잘못 본 것으로 생각하고, 그 일을 덮어두고 임기가 끝나자 한양으로 돌아가게 되었습니다.

그 때, 향리는 현감에게, '우리 서민에게는 명당이 아니라도 좋으니 그 터를 저에게 주고 가십시오' 하며 청하였습니다. 현감은 향리의 청을 쾌히 승낙하고 지보현을 떠났습니다.

그 후, 향리는 부친상을 당하게 되자, 전 현감이 주고 간 터에 안장을 하고 묘를 썼습니다. 그러나 삼웃날 묘에 찾아가 보니, 봉분이 갈라져서 관이 땅위로 솟아 있는 것이 아닌가! 연유를 알 수 없는 향리는 급히 한양으로 전 현감을 찾아가 자초지종을 말하였습니다.

전 현감은 대뜸 한다는 말 한마디가, '그러면 그렇지, 그 자리가 명당이 틀림이 없었는데……. 아마 그 자리가 네 터가 아니었나 보다.' 하면서, '그 터는 보통 서민이 묻힐 터가 아니니 내 헌 조복을 줄 터이니 시신에게 조복을 입혀서 장사를 다시 지내라.' 고 가르쳐 주었습니다.

그 향리는 돌아와 전 현감이 시키는대로 하였더니, 그 후로 아무일이 없었다고 합니다.

이야야기는 사실 여부는 가리기 어려우나, 바로 이 자리에는 현재 진보眞寶 이씨李氏 시조始祖의 묘가 있습니다.

이 묘터가 좋기 때문에 그 후손으로 퇴계退溪 이황李滉 선생 같은 대석학碩學이 태어났다고 합니다.

이 이야기는 청송지방에 널리 구전되고 있는 이야기입니다.

(출처 '傳統文化의 脈—慶北道敎育委員會 刊')

제 10 화

10 마족혈 무덤

성주군 초전면 소성동이라는 곳에서 약 1Km 서쪽으로 가면 마족혈이라는 무덤이 있습니다.

조선 중엽, 남 사고라는 유명한 지사地師가 있었다고 합니다. 지사라 하면 집터를 잘 보고, 묘터를 잘 잡는 사람을 말합니다.

그 남 사고라는 지사가 흠실이라는 마을을 다녀서 한양으로 올라가는 길이었는데, 그 길목에 옥산 장씨 집이 있었습니다. 그 집은 옥산 장씨 시조始祖의 집이었습니다.

당시 그 집은 상중喪中이었는데, 어찌나 가난하였던지 하루 한 끼를 못 이을 정도였습니다.

그 때 마침, 남 사고가 그 곳을 지나게 되었는데, 남 사고가 마을을 지나가고 있다는 소문을 듣고 그 집 형제가 계략을 꾸몄습니다.

그들은 남 사고가 지나가는 것을 보고, 술 취한 척 하고는 남 사고에게 덤벼들었습니다.

동생이 남 사고를 쥐어 박으니, 형이 동생을 보고 크게 나무라며 부상당한 남 사고를 집으로 업고 왔습니다.

남 사고를 계략으로 구해 가지고 집으로 돌아온 형은, 집에 와도 끼니를 잇지 못하는 형편에 팥죽을 쑤어 극진히 대접하였습니다.

이것을 지켜 보던 남사고가 어찌나 고마운지, 그 형에게 자신이 은혜를 갚으려고 하는데 무슨 해 줄 일이 없냐고 물으니, 그 형이 마침 우리 아버지가 별세하였다고 말하자, 남 사고는 마침 잘 되었다고 하며, 흠실 옆의 산에 묘터를 잡으면 그 후손이 영의정까지 벼슬을 할 수 있다고 가르쳐 주었습니다.

그 가난한 형제는 남 사고가 가르쳐 준 묘터에 돌아가신 아버지를 장사하기로 하였습니다.

묘터를 잡고 관을 묻은 다음, 흙을 덮기 전에 곡을 하려고 할때, 전 날 길을 가던 남 사고를 술에 취해 쥐어 박았던 사람이 나타나 곡을 하는지라, 남 사고는 이상하게 여겨 그 집 형에게 물으니, 자기 동생이라고 대답하는 것이 아닌가!

그 말을 들은 남 사고는 화가나서, '내가 너희 형제에게 크게 속았다.' 고 한탄하며 그대로 그 자리를 떠났다고 합니다.

그 후 그 자손은 영의정까지 벼슬을 했으며, 그들은 지금의 옥산 장씨의 조상이라고 합니다. 이 곳은 마족혈馬足穴이기 때문에 비석이라든

지 상석같은 석물을 해 주면 뛰는 말에 지장이 된다고 해서 비석을 세우지 않는다고 합니다.

그래서 비석없는 무덤이 남 사고의 전설을 지닌 채 그 자리를 지키고 있다고 전합니다.

(출처 '傳統文化의 脈—慶北道敎育委員會 刊')

제 11 화

11 학곡鶴谷의 명당

성주군 수륜면 오천 2동 부미 마을에서 북쪽으로는 가야산 정상에서 뻗어온 낮은 산봉우리가 있습니다. 이 봉우리 밑에는 뒤로 가야산의 웅장한 산세를 배경으로 하고, 앞으로는 대가천大伽川 맑은 물을 안고 있는 명당 학곡鶴谷이 있습니다.

수백 년 전, 이 마을에 큰 부자가 살고 있었는데, 이는 명당인 학곡에 선대 조상의 묘를 썼기 때문이라고 합니다.

그런데 이 부자는 몹시 인색하고 이기적일 뿐만 아니라 그 당시 성행하고 있던 불교를 배척하여 시주승이 방문하면 하인들을 시켜 붙들어 매고 때리며 광에 가두는 등 행패가 심하였습니다.

해인사의 어느 도승이 이를 알고 인색하고 소행이 나쁜 부자를 응징하고자 그 집을 방문하게 되었습니다. 부자는 여느 시주승과 마찬가지로 하인을 시켜, '저 중 놈을 잡아서 귀를 꿰어라.' 하고 명령하였습니다.

　그러나 그 스님은, '나는 해인사에서 수십년 동안 도를 닦은 사람으로 이 집의 운세가 무궁무진하게 발전하도록 이 댁의 묘터를 다시 봐주겠소.' 하는 것이었습니다.

　그러자, 이 욕심 많은 부자는 더 큰 부자가 되고자 도승에게 학곡의 선대 조상의 묘를 돌아보게 하고, 더욱 큰 부자가 되고픈 마음에 잘 봐달라고 부탁을 하였습니다.

　학곡의 묘터를 살펴 본 도승은, '과연 천하에 보기 드문 대 명산이구나.' 하면서도 조금은 불만족스럽다는 말투로, '아깝도다……. 좌향이 틀렸구나.' 하는 것이었습니다.

　그 말을 들은 이 욕심 많은 부자는 하인을 시켜 그 날로 묘를 파헤치고 좌향을 바로잡게 하였습니다.

　묘를 반쯤 파헤쳤을까, 별안간 파고 있던 묘속에서 백학白鶴이 한쌍 날아 올랐습니다.

　그 중 한 마리는 공중 높이 날아가고, 또 한 마리는 잘 날지 못하여 날 듯 말 듯 하였습니다. 이 광경을 지켜 본 부자는 그제야 도승에게 속은 줄 알고, '중 놈을 잡아서 소나무에 달아 매어라!' 하고 호령하였으나 도승은 이미 온데간데 없었습니다.

　그 때 산 밑에서 구경하던 동네 사람들의 눈에는 묘를 파헤치는 순간 묘안에서 흰 연기 같은 것이 피어 오르는 것처럼 보였다고 합니다.

　그런 일로 그 명당터의 정기가 새어 버린 탓인지는 몰라도 그 부자집은 가세가 점점 기울어졌고 지금은 그 손孫마저 없다고 합니다.

12 수중명당 水中明堂

지금부터 80~90년 전, 일제 초기 민족 말살 정책으로 상주 낙동강변 모래사장을 공동묘지로 지정하였다고 합니다.

이 공동묘지는 아주 질이 좋은 사장沙場이지만 홍수 때마다 물에 잠긴다고 합니다. 그런데 이상하게도 이곳에 묘를 쓰면 그 집에 행운이 드는 예가 계속되자, 산에 있던 묘지까지 이곳으로 이장하여 공동묘지의 면적에 비하여 포화상태인데도 주민들은 인접한 전답을 매입하여 묘를 계속 쓰고 있다고 합니다.

이 공동묘지 터가 학혈鶴穴이라 하여 지금도 묘 앞에 상석 좌대 등 석물石物을 설치하면 학이 무거워서 날지 못한다고 하여 일체 설치하지 않았다고 하며, 다만 적당한 묘표만을 세운다고 합니다.

이 곳에 묘를 쓴 이는 해를 본 예는 없고 많은 사람들이 덕을 보고 있습니다. 지금은 제방을 하여 쉽게 침수는 안되나 간혹 물에 잠길 때도 있다고 합니다. 이 곳 사람들은 이 묘역을 특이한 곳으로서 관리와 보호에 힘쓰고 있고, 혹 농지개발로 인하여 이장 조치가 있지 않겠나하는 두려움도 갖고 있다고 합니다. 보통 사람들로서는 믿거나 말거나 이지만 말입니다.

명당에 대한 집착은 예나 지금이나 변하지 않고 있다고 해도 과언은 아닐 것입니다.

(출처 '傳統文化의 脈–慶北道教育委員會 刊')

13 경상도 성주星州의 다섯 명당

성주는 예로부터 산자수명山紫水明한 영남 지방의 웅군雄郡으로 동강東岡 김 우옹金宇顒선생과 한강寒岡 정 구鄭逑 선생을 비롯한 수많은 인재가 배출되어 이 나라 역사에 그 빛을 남겼습니다.

근세에 와서는 망국의 설움을 되씹으면서 국외에서 혹은 국내에서 조국의 광복을 위해 평생을 몸바쳤으며, 광복이 된 후에는 독재에 항거하여 온갖 어려움에도 굽힐 줄 모르던 이 나라의 거목 심산心山 김 창숙金昌淑을 비롯한 수많은 독립지사들을 배출한 곳이기도 합니다.

성주의 다섯 명당이란, 임진왜란이 일어났을 때에 우리나라를 도우러 왔던 명나라 장수 이 여송(李如松: 경상도 성주 사람임, 이 승경李承慶의 6대 손임)의 참모로 따라왔던 중국의 유명한 풍수가風水家 두 사충杜史冲이 이 곳 성주와 칠곡 일대를 두루 살펴보고는,

① 초전면 월곡동 흠실(명곡榴谷)

② 대가면 칠봉동 사도실(사도실思道室)

③ 수륜면 수륜동 윤동(윤동倫洞)

④ 선남면 오도동 오도마을(오도동吾道洞)

⑤ 칠곡군 지천면 창평동 웃갓(상지上枝)

등 다섯 곳을 들어 풍수지리상 명당으로 지목하였으며, 그 중에서도 초전면 월곡동의 흠실을 가장 으뜸가는 명당이라 평하였는데, 과연 이 다섯 군데가 그 경관도 훌륭하지만 국가 사회의 발전에 기여한 인물도 많이 배출되어 명실상부한 명당의 구실을 하고 있다고 모두들 입을 모으고 있다고 합니다.

(출처 '傳統文化의 脈—慶北道教育委員會 刊')

제 14 화

14 기룡산騎龍山 명당

✽ 기룡산 기슭에 있는 명당

영천댐이 있는 영천군 자양면은 옛날에는 정鄭, 김金, 이李의 삼상三姓이 주로 거주하던 곳입니다. 이곳은 경상북도 내에서 면단위로는 보기 드물게 인물이 많이 배출된 유명한 면이었습니다.

그 까닭은 산수山水가 아름답고 풍수지리설로 보아 명당 자리가 많았기 때문이라고 합니다.

그 중에서도 기룡산 기슭 하절(하천夏泉이라고도 함)에 있는 선무랑宣撫郎 정 차근鄭 次謹 공公의 묘는 훌륭한 명당 자리라서 자손들이 번창해지고 영천의 남조북정(南曺北鄭. 영천의 벌족 중 남쪽에는 조씨, 북쪽에는 정씨라는 뜻)의 정씨의 자양입향조(紫陽入鄕祖. 자양에 처음으로 이주해 온 조상)가 되었습니다.

1980년 12월에 영천댐이 조성되어 물이 만택滿澤되고부터는 더욱 더 명당 자리로서의 조건을 갖추게 된 것입니다. 풍수지리설에서는 장풍득수(藏風得水. 거센 바람이 잠잠해지고 물을 얻는 형국)가 잘 되어야 하는데, 이 묘터는 원래 장풍藏風이 잘 되어 있었는데, 댐이 조성됨으로써 득수得水가 너무나 잘 되었으니 앞으로의 자손 번창은 더 바랄 나위 없이 좋아질 것이라고들 한다고 합니다.

청룡靑龍, 백호白虎가 병풍처럼 둘러서서 사나운 바람을 막아줄 뿐 아니라, 묘의 좌향坐向이 남향南向이니 바람기 없기로는 더할 수 없이 좋아서 장풍을 얻은 셈이고, 댐이 큰 호수로 묘 앞에 가득 찼으니 득수가 이보다 나은 묘터는 어디에 있겠느냐는 것입니다. 한마디로 명당이라는 것입니다.

그러나 이러한 명당을 얻게 된 당사자는 반드시 어떤 사연이 깃들어 있다고 할 것입니다. 그 사연은 다음과 같다고 합니다.

🌱 기룡산 명당을 얻게 된 효자

이 하절의 명당 자리를 얻게 된 데는 다음과 같은 정씨鄭氏 효자에 대한 아름다운 이야기가 전해 오고 있습니다.

효자의 이름은 정 윤량鄭 允良, 호는 노촌魯村, 조선 중종 때 사람으로 전해 옵니다.

그의 아버지 선무랑공이 기묘사화己卯士禍를 피하여 영천의 대전에서 이 곳 노항(魯巷. 현재 수몰되어 없음)으로 옮겨 올 때, 겨우 다섯 상이었지만 효성이 지극한 아이라서 원근 사람들이 이름 대신 모두 '정 효자鄭 孝子'라고 불렀습니다.

어린 나이에도 소학小學에서 배운 대로 혼정신성(昏定晨省. 아침 저녁으로 안부를 물어서 살핌)은 물론, 자식된 도리를 다하려고 부단히도 애를 쓰곤 했지만 안타깝게도 아버지를 일찍 여의게 되었습니다.

아버지가 병석에 눕자 어린 정 효자는 웃옷을 벗고 자리에 눕는 일이 없었고, 조석으로 먹는 것조차도 잊고 아버지 곁에서 병 간호를 지성으로 하였으므로 보는 이 마다 감탄하였습니다.

끝내 아버지께서 돌아 가시자 애통해 하는 모습이 차마 볼 수 없으리만큼 애처로왔으며, 초종장례(初終葬禮. 초상이 난 뒤로부터 졸곡卒哭까지의 일컬음)를 행함에 있어서 예법에 어긋남이 없었습니다.

장삿날, 묘터를 잡아 장례를 치르는데 때마침 어떤 백발 노승老僧이, '정 효자 같은 효성이 어찌 묘소를 이런 흉지凶地에 모실까?' 하면서 혼자 중얼거리고는 떠나가 버렸습니다. 이 말을 들은 상주喪主는 일을 중지시키고 부리나케 그 노승을 쫓아갔습니다.

십 리쯤 가서 고개를 넘으니 뜻밖에도 그 노승은 상주를 기다리고 있다가, '상주가 올 줄 알았소.' 하면서, 앞장서서 기룡산 기슭으로 상주를 인도하였습니다.

노승은 지팡이로 혈六을 짚으면서 하는 말이, '이 혈은 기룡의 좌장

혈左掌穴이니 부귀를 겸하여 가운이 융성할 것이며, 힘차게 내리 쏟는 기룡의 정기를 받았으니 위인이 태어날 징조요. 또 청룡 백호가 세 겹으로 되어 있으니 귀인이 날 자리며, 물 흐름이 보이지 않으니 부자도 날 것이오. 이와 같이 크고 귀한 판국版局에는 손세孫世도 아주 좋을 것이오.' 라고 말하는 것이었습니다.

정 효자는 노승을 집으로 모셔다가 후하게 대접할 생각으로 집으로 가자고 소매를 끌었지만 노승은 끝내 사양하며, '소승은 신령신령의 명을 받고 온 설학설학이오, 다시 만날 날이 있을 것이니 오늘은 길이 바빠서 바로 가야 하오. 너무 심려하지 마시오.' 하고는 기어이 길을 떠나갔습니다.

그 후, 정 효자는 여묘(廬墓. 상주가 무덤 근처에 여막廬幕을 짓고 살면서 무덤을 지키는 일)살이 삼 년을 마치고 퇴계退溪 이황李滉 선생 문하에 들어가 학문을 배우고 닦아서 훌륭한 인물이 되었다고 합니다.

(출처 '傳統文化의 脈—慶北道敎育委員會 刊)

제 15 화

15 금차낙지金釵落地(금비녀가 떨어진 명당)

옛날부터 사람들은 그 고을의 산과 물이 좋으면 인걸이 배출되고 마을이 태평해 진다고 믿었기에 그 자연을 아끼고 우상처럼 숭상하였습니다.

경상도 금릉군 구성면 상원리 원터골은 고래로부터 양반골있었습니다. 벼슬한 이가 많이 나왔으며 근래에 와서도 많은 사람들이 외지에 나가서 크게 성공하고 있다고 합니다.

그것은 이 마을 뒤편에 있는 조상골의 정기를 받았기 때문이라고 이 곳 사람들은 누구나 한마디씩 하곤 한다고 합니다. 바로 그 마을 뒷산 한가운데 묘를 잡아 자손이 대대로 번창한 집안이 있습니다.

조선 초기 지품현(현 금릉군 구성면 미평 2리 지금대)에 이 말정李 末丁 (1359~1461)이라는 낙향한 선비가 아들 5형제(① 숙황 : 문과 급제, 성균관 직강 ② 숙형 : 문과급제, 현감 ③ 숙규 : 문과급제, 감찰 ④ 숙기 : 무과급제, 연안군 ⑤ 숙함 : 문과급제, 이조참판)를 두고 있었는데, 모두 높은 벼슬을 했다고 합니다.

이 말정이 세상을 떠나자 아들 5형제는 슬픔에 겨워 곡을 하고 있었으나 마음 속으로는 묘터를 구할 걱정을 하고 있었습니다.

그 때, 고승 한 분이 지나가면서,

'코 앞에 명당 자리를 두고 슬퍼우는가? 허 참.' 하면서 혼자 말처럼 중얼거리며 가버렸습니다. 마침 사랑 가마솥 부엌에서 일을 하고 있던 여종이 미 말을 듣고 급히 주인에게 이를 전하였습니다.

이 말을 전해들은 상주는 버선발로 수십 리 길을 고승과 함께 따라가며, '스님! 마땅한 장지葬地 좀 가르쳐 주십시오.' 하며 묘터를 잡아 주기를 간청하였으나 그 스님은 들은 척도 하지 않고 자기 갈길만 열심히 가는 것이었습니다. 그래도 상주는 포기하지 않고 거창의 경계인 우두령牛頭嶺까지 따라가면서 계속하여 간청을 하였습니다.

고승은 마지 못해, '허 참, 효심이 대단하군. 그럼 가 보세.' 하면서

상주의 정성에 감동하였는지 가던 길을 되돌아와 묘터를 잡아
주었습니다.

그 곳이 바로 상원리 마을 양지바른 뒷산이었습니다.

5형제는 석함石函을 사용하여 시신을 안장하였는데, 이 곳이 바로
금비녀가 떨어진 중지형中地形이라는 금차낙지金釵落地로 전국 8대 명
당 중의 하나로 손꼽히는 유명한 곳이고 합니다.

묘를 쓸 때, 서울에서 국풍(國風, 국가에서 인정하는 풍수風水)까지 내려
와 친견하였으나 고승이, '6척 이하는 파지 말라.' 하고 당부했습니다.

그런데 한 일군이 실수로 밑에 깔린 돌을 번쩍들어 올리는 순간, 윙
~하며 수천 마리의 벌떼들이 날아올라 고승의 머리를 쏘는 바람에 고
승은 그 자리에서 즉사하고 말았습니다.

'아차, 고승의 말을 잊었군.'

5형제는 때늦은 후회를 하며 고승을 정성들여 장사지내 주었습니다.

이런 일이 있은 뒤, 이 고장 사람들의 입에서는, '현지의 후손보다는
외처에 나간 후손들이 더 잘된다.'는 말이 지금까지 전해 내려오고 있
다고 합니다.

그 후 이 말정의 후손 가운데 구군팔판九君八判외 3대째 대제학을 비
롯해서 7명의 청백리淸白吏가 배출되었으며, 현지의 인물보다 외지에
나간 후손들의 인물이 많음은 기연奇緣이 아닐 수 없습니다.

효도백행지본孝道百行之本이라는 말이 있습니다.

효도는 백 가지 행실 중에서 으뜸이라는 뜻입니다.

살아 생전에 웃어른을 공경하고 부모님께 지극한 정성으로 효도한
전통 효 사상과 돌아가신 후에도 유택까지도 모시려는 옛 선인들의 조

상숭배의 얼은 우리들의 혈맥 속에 지금도 면면히 이어지고 있다할 것
입니다.

(출처 '傳統文化의 脈—慶北道敎育委員會 刊)

16 금초산 명당

　　성주군 수륜면 소재지에서 남동쪽으로 약 2Km 쯤 가면 토실이라는
동네가 나옵니다. 여기에 '금초산묘'라는 묘지가 있습니다.

　　윤동 김씨들이 모여서 살아오는 윤동 동네에 아주 착하고 성실한 청
년이 살고 있는데 살림이 찢어지도록 가난하였습니다. 청년은 혼기가
되어 건너편 마을 마산이라는 동네에 장가들었는데, 처가는 마산 박씨
로 아주 부유한 집안이었습니다.

　　박씨 문중에서 김씨 문중으로 시집을 온 여인은 결혼을 한 지 몇 년
후에 친정 아버지가 몹시 편찮으시다는 소식을 듣고 친정으로 문병을
갔는데, 친정 아버지는 풍수장이라 몇 년 전부터 자신이 누울 묘 자리를
이미 골라 두었습니다. 임종이 멀지 않았음을 깨달은 아버지는 자신의
세 아들들을 불러 들였습니다.

　　그리고 방문을 꼭꼭 걸어 잠그라고 몇 번이나 당부한 뒤, 유언을 하
는 것이었습니다.

　　'얘들아, 내가 몇 년 전부터 묘자리를 봐두었는데, 토실 뒷산에 올라
가 보면 높은 산마루에 용의 머리같이 생긴 곳에 내가 누울 자리를 파

두었고, 또 한 곳은 산너머 용의 꼬리 부분에 파 두었다. 머리같이 생긴 곳에 나의 시신을 묻을 것 같으면 너희들은 물론 너희 자손들이 모두 대대로 남의 위에서 권력을 쓰면서 잘 살며 대대로 훌륭한 인물이 나겠고, 꼬리 부분에 나의 시신을 묻으면 재산이 더욱 늘어나서 계속 부자로 살아가게 될 것이다. 그러니 너희 3형제가 서로 잘 의논하여 결정하도록 하여라.' 하고는 조용히 눈을 감았습니다.

그 때 밖에서 귀를 기울이고 엿들은 사람이 있었으니 그 사람은 다름 아닌 건너 마을 가난한 청년 김씨에게 시집간 외동딸이었습니다.

그녀는 그 길로 자기 집으로 돌아와 명주 천을 가지고 용의 머리 부분인 아버지 묘터로 가서 그 밑에다 명주 천을 몇 겹으로 깔고 난 다음, 그 위에 흙을 조금 덮고 밤을 새워서 물동이에 물을 길어다가 그 곳에 부었습니다. 행여나 발자국 표시가 날까봐 조심조심 하며 며칠밤을 계속하여 물을 길어다 부었습니다.

명주 천을 깔아놓은 이유는 물이 땅속으로 빨리 스며들지 않게 하기 위한 것이었습니다.

이런 사실을 까맣게 모르고 있던 친정 집 3형제가 묘터에 가 보니 이상하게도 속에서 물이 솟아 나오고 있지 않는가! 이를 이상하게 생각한 형제들은 집안 어른들에게 여쭈어 보았더니, 물이 나는 묘터는 좋지 않으니 산 너머 용꼬리 부분에 묘터를 장만하자고 하였습니다.

몇 년의 세월이 흐른 뒤, 김씨의 아버지, 즉 박씨 며느리의 시아버지가 세상을 떠나게 되었습니다.

그러나 워낙 찢어지게 가난하여 묘지를 마련할 수가 없어 집안이 걱정에 싸여 있을 때, 그녀는 친정 어머니에게 찾아가 사정을 호소하였습니다.

'어머니, 시아버님께서 돌아가셨는데 우리는 너무 가난하여 시아버님을 모실 묘터조차 없는 처지입니다. 바라옵건대 전번에 아버지 묘터로 쓰려고 했으나 물이 나서 쓰지 못했던 그 자리라도 우리에게 주십시오.' 하고 간곡히 부탁을 드리자 어머니는,

'애야, 그 자리는 물이 나서 쓸 수가 없는 자리가 아니더냐? 네 오빠에게 의논하여 다른 자리로 잡아보도록 하자.' 하는 것이었습니다.

이 말에 겁이 덜컥 난 딸은,

'어머니, 아무것도 없는 우리가 좋은 터 나쁜 터 가릴 처지가 됩니까. 그 곳이라도 좋으니 허락하여 주십시오.' 하고 간청하자 어머니는 승낙해 주었습니다.

어머니의 허락에 신바람이 난 딸은 시댁으로 돌아왔습니다.

시댁으로 돌아 온 딸은 옛날에 물을 가져다 부은 것에 대해서는 입도 뻥긋하지 않았습니다. 다만 묘터를 구했다는 말을 하였더니 영문도 모르고 모두 감사하게 생각하였습니다. 그리고 시아버지를 그 묘터에 조용히 장사지냈습니다.

김씨 가문은 박씨 며느리의 계략으로 명당 자리에 묘를 쓴 덕분인지 그 후, 윤동 김씨 가문에는 해를 거듭할수록 자손들이 잘 되고 살림도 부유해졌으며, 그 집안에서 벼슬을 하는 인물들이 계속해서 나왔다고 합니다.

금초산이란, 금보다 귀한 자손들이 산과 들의 풀보다 더 많이 태어난다고 하여 지어진 이름이라고 전해집니다.

그 가난하던 김씨네가 잘 살게 된 것은 금초산 묘의 은덕이라 하며, 해마다 시월에는 햇곡식으로 음식을 장만하여 묘사를 지내는데 이 묘사 때엔 지금도 미혼자나 서자庶子는 참석하지 못하도록 되어 있다고 합니다.

(출처 '傳統文化의 脈—慶北道教育委員會 刊')

17 금계포란형인 야은의 유택

고려말 삼은三隱의 한 분인 야은冶隱 길 재吉 再의 묘소는 구미시 오태동吳太洞에 자리잡고 있습니다. 이 곳은 금오산에서 남동으로 뻗은 산줄기가 마치 살아있는 용龍과 같이 몇 번이나 꿈틀거리며 내려오다가 낙동강에 닿아 나월봉羅月峰에서 그 끝을 맺었습니다.

여기서 오른쪽 산줄기는 다시 안으로 많은 갈래의 골짜기를 만들며 길 재의 묘소를 포근히 감싸고 돌아서 마치 금계金鷄가 알을 품고 있는 형상을 하고 있습니다.

앞을 내다보면 멀리 유학산遊鶴山이 춤추며 오는 듯하고, 강물은 흘러서 들어오는 것은 보이나 나가는 것은 보이지 않습니다.

이 곳에 터를 잡아 준 인물은 당시 조정에서 내려보낸 국풍(國風, 국가에서 인정하는 풍수風水)이라고 하는데 이름은 전해지지 않고 있습니다.

그런데 이런 금계포란형은 대체로 발복이 늦다고 하는데, 이 곳도 예외는 아니어서 국풍이 이 터를 잡을 때, '우선 당장 자손이 잘 되는 것은 아니지만 21대가 지나면 자손이 크게 번창하여 부귀현달하는 자가 많을 것이다.' 라고 했다고 합니다.

여기서 21대라는 말이 나오게 된 것은 닭이 알을 품어 부화가 되는 기간이 21일이 걸리는데서 연관지어 나온 말인 듯 합니다.

사실 자손 중에 조선 500년 동안 뚜렷한 역사적인 인물을 배출시키지 못했으며, 거부巨富도 나오지 않았다고 합니다.

21대라고 하면, 1대를 보통 30년으로 계산할 때 약 600년의 세월이 요구됩니다. 조선 왕조 500년에 비하면 너무도 긴 세월입니다.

당시 국풍이 왜 이렇게 발복이 늦은 곳에 터를 잡게 되었는지는 알 수 없고 다만 야은의 충절과 연관지어 나름대로 짐작해 볼 뿐입니다.

(출처 '傳統文化의 脈—慶北道敎育委員會 刊')

조선 태종 때, 유명한 지관地官이었던 홍 성기洪 聖基 도사道士가 선산 땅에 왔을 때였습니다.

지금의 구미중학교 뒷산인 문장골 산봉우리에 올라 이 곳의 산세를 둘러보고 있을 때, 누군가 홍 성기 도사에게 이 곳의 명산名山, 명혈名穴을 물었다고 합니다.

이에 홍 성기 도사는,

'오리 명산五里 名山, 십리 대지十里 大地'

라는 간단한 말만을 남기고 다른 곳으로 가버렸다고 합니다.

이 말은 문장골에서 오 리쯤 되는 곳에 명산이 있고, 십 리쯤 되는 곳에 큰 터가 있다는 뜻으로 해석되어졌던 것입니다.

그 후, 누군가의 입에서 홍 성기 도사가 말한 오리 명산은 매화낙지혈梅花落地穴이요, 십리 대지는 금오탁시혈金烏啄尸穴이라는 말이 나돌았습니다.

말 그대로 매화낙지는 매화꽃이 땅에 떨어져 있는 형상을 말하고, 금오탁시는 금까마귀가 시체를 쪼아 먹고 있는 형상을 뜻하는 것이었습니다.

이러한 말이 있고 난 후, 인근에서 내노라 하는 유명한 풍수들이 이곳으로 몰려와 홍 성기 도사가 말한 두 혈을 찾기에 혈안이 되었으나 좀처럼 발견되지 않았다고 합니다.

명당 찾기에 지친 풍수들은 나름대로 추측하여 지금의 공단동工團洞이 되어버린 매화동梅花洞에 아마도 매화낙지혈이 있고, 또 매화꽃이 하나만 떨어지는 꽃이 아니기에 매화낙지혈은 이 부근의 여러 곳에 있을 것이라고 하여 너도 나도 이 곳에 무덤을 쓰기 시작하자 오래지 않아 매화동 일대는 마치 공동묘지같이 되어버렸다고 합니다.

많은 사람들이 그 곳에 묘를 썼지만, 큰 부자도 큰 벼슬도 나오지 않았으며, 또 문장골에서 십 리나 되는 거리이기 때문에 홍 성기 도사가 말한 오리 명산은 아니라고 생각하게 되었습니다.

그러다가 지금으로부터 120여 년 전 일선一善 김씨金氏에 김 봉태金鳳泰라는 분이 지금의 금오산 도립 공원 입구 매화동 아래 그의 아버지의 무덤을 모셨는데, 거짓말같이 재물이 불어나 당대當代에 만석萬石

거부巨富가 되었다고 합니다.

이 곳은 문장골에서 오 리쯤 되는 곳인데다가 이름이 매화봉 밑이요, 당대 만 석의 발복이 있었기 때문에 이 곳을 진정한 매화낙지혈로 믿게 되었다고 합니다. 그러나 땅에 떨어진 매화는 곧 시들어 버리기 때문에 발복은 빠르지만 그 복 또한 오래가지 않았다고 합니다.

한편, 금오탁시혈도 수 많은 사람들이 찾아 나섰으나 금오金烏는 금오산金烏山으로 금오산 줄기 어디엔가 있을 것으로 추측되었으나 탁시啄尸는 이해되지 않았다고 합니다.

그런데 조선 초기 성산星山 여씨呂氏 4세조四世祖로서 고성현감固城縣監을 지낸 바 있는 여 자방呂 子方이라는 분이 그의 할아버지인 고려 말 판도사 판서版圖司 判書를 지낸 여 위현呂 渭賢의 묘를 구미시 다송동多松洞 뒷산에 모셨다고 합니다.

그 뒤부터 대대현관代代顯官이 나왔으며, 성산 여씨는 대부분 이 분의 자손이 된다고 합니다. 이렇게 되자 모두들 이 묘터가 바로 금오탁시혈이 분명하다고 하였습니다.

이곳은 금오산에서 뻗어나온 큰 산줄기가 굽이쳐 돌아와 큰 산봉우리를 맺고 다시 좌우로 갈라져 좌청룡左靑龍 우백호右白虎가 되어 금오金烏의 양쪽 날개를 만들었습니다.

여기에 앉아서 앞을 내다보면 유학산遊鶴山이 안산案山이 되어 우뚝 솟아 있고, 그 앞으로 낙동강 물줄기가 명경같이 고요히 흐르고 있으며 골짜기 바로 앞에는 매화동의 공동묘지가 남북으로 나지막히 널려 있습니다.

바로 이 묘지들의 시신이 금까마귀의 먹이가 되어 시체를 쪼아먹고 있는 형상을 이루었다고 합니다.

이리하여 성산 여씨의 묘는 인근에서 알아주는 명당으로 손꼽히게 되었다고 합니다.

그런데 지금은 세월이 흘러 청룡맥청룡맥의 산봉우리는 무너져 구미 시립 운동장이 들어서고, 금오가 시체를 먹고 있다는 매화동 묘지는 구미 공업단지가 들어서면서 그 자취조차 찾을 길이 없게 되었습니다.

어떤 사람들은 홍 성기 도사가 말한 십 리 대지와 금오탁시를 관련이 없는 것으로 보며 십 리 대지야말로 공업단지 조성의 예언이라고 보기도 한답니다.

(출처 '傳統文化의 脈—慶北道敎育委員會 刊)

사람이 죽었을 때 살煞을 피하는 상식

사람이 죽었을 때 입관할 때나 하관할 때에
시체나 관을 쳐다보지 말아야할 띠

참고로 알아 두시면 상문살喪門煞을 피할 수 있습니다. 가족은 어쩔 수 없다하나 친지나 친구 등 가까운 조문객들은 유의를 하셔야 합니다.

① 쥐띠(자생子生)이 죽었으면

　용띠, 말띠가 보면 안됩니다.

② 소띠(축생丑生)이 죽었으면

　양띠, 원숭이띠, 개띠, 돼지띠가 보면 안됩니다.

③ 범띠(인생寅生)이 죽었으면

토끼띠, 돼지띠, 쥐띠가 보면 안됩니다.

④ 토끼띠(묘생卯生)이 죽었으면

　　돼지띠, 쥐띠, 소띠가 보면 안됩니다.

⑤ 용띠(진생辰生)가 죽었으면

　　개띠, 뱀띠, 범띠가 보면 안됩니다.

⑥ 뱀띠(사생巳生)가 죽었으면

　　토끼띠, 닭띠, 소띠가 보면 안됩니다.

⑦ 말띠(오생午生)가 죽었으면

　　소띠, 돼지띠가 보면 안됩니다.

⑧ 양띠(미생未生)가 죽었으면

　　토끼띠, 용띠, 닭띠, 소띠가 보면 안됩니다.

⑨ 원숭이띠(신생申生)가 죽었으면

　　말띠, 용띠, 범띠, 쥐띠가 보면 안됩니다.

⑩ 닭띠(유생유생)가 죽었으면

　　돼지띠가 보면 안됩니다.

⑪ 개띠(술생술생)가 죽었으면

　　말띠, 양띠, 소띠, 범띠가 보면 안됩니다.

⑫ 돼지띠(해생해생)가 죽었으면

　　쥐띠, 닭띠, 양띠, 토끼띠가 보면 안됩니다.

제15장
조상 공양으로 덕을 본 사례事例

제1화

1 아들의 조상 공양에 어머니의 30년 된 신경통이 낫다!

　울산시 ○○동에 한 가족이 어렵게 살고 있었습니다. 평소 그 집 아들이 필자와 잘 아는 사이라 잦은 왕래가 있었는데, 가정 형편이 찢어지게 가난한지라 그의 어머니가 신경통으로 불편한 다리를 이끌고 행상으로 하루 하루를 지내고 있었습니다.

　필자는 그에게 조상공양을 한 번 해보라고 권했습니다. 가뜩이나 어려운 형편에 무슨 공양이냐고 반문하였으나, 형편에 맞게 어려우면 어려운대로 공양 준비물을 준비하라 이르고, 날을 잡아 조상공양을 하게 하였습니다.

그리고 필자는 그에게 다음과 같이 말해 주었습니다.

'조상공양을 하는데 절차는 이 책에 나와 있는대로 그대로 하되, 조상님 중에서 다리가 다쳐서 돌아가신 분이 계시니, 그 분을 먼저 천도해 드리고 조상공양을 해야 합니다.

그리고 소원성취 발원문을 읽을 때, 반드시 어머니의 다리가 몹시 불편하고 생활 형편이 너무 어려우니 조상님께서 부디 굽어 살펴주시옵소서'

하여야 한다고 일러 주었습니다.

좋은 날을 잡아 조촐하게 제단을 만들고 위패를 모시니, 한편으로는 처량하기까지 하였습니다. 그래도 마음만은 진실하고 경건하게 하여 조상 천도와 조상 공양을 무사히 마쳤습니다. 그리고 필자가 그의 어머니의 아픈 다리를 만져드렸습니다.

하루 이틀지나자 그의 어머니는 다리가 가뿐해지는 것을 느꼈다고 합니다. 그 후로는 신경통의 고통이 말끔히 사라져서 즐거운 마음으로 행상을 다니셨습니다.

그 가정은 조상공양의 덕으로 가정의 화목을 찾았습니다. 사소하지만 진실로 믿고 따를 때 반드시 복을 받는다 할 것입니다.

2 사업이 기적처럼 다시 회생되다!

경북 김천시의 김○○씨가 필자를 찾아 온 것은 계룡산에서 수행정진을 하고 있을 때였습니다. 초췌한 모습으로 필자를 찾아 온 사람은 중년 후반의 남자 분이었습니다.

이 남자 분은 젊은 시절 남보다 사업에 눈을 일찍 떠서, 이 남자분의 표현을 빌리자면, 하루에도 돈을 푸대로 담을 만큼의 돈을 벌어 부유한 상류층 생활을 하였다고 합니다. 그런데 아는 사람들의 빚보증을 선 것이 잘못되어 하루 아침에 길 바닥으로 내 몰리는 신세가 되었다고 합니다.

본래 쓰던 가락(?)이 있어서 그런지 도저히 막노동을 하거나, 아무 일이건 간에 닥치는대로 할 수가 없었다고 합니다. 그래서 일가 친척을 찾아다니며 구걸을 하다시피하여 자그마한 식당을 차리게 되었답니다.

식당을 차리고 처음 일년은 장사가 제법되어 괜찮은가 싶더니, 그 와중에서도 다시 일어서려고 곗돈을 붓고 있었는데, 계주가 돈을 몽땅 가지고 도망가는 바람에 엎친데 덮친격으로 도저히 이 세상을 살아갈 수가 없었다고 합니다.

찾아 온 그 남자 분의 이야기를 한참 듣고나서, 필자는 그 남자 분에게 조상공양을 하여 보라고 권하였습니다. 조상공양을 혼자도 충분히 하실 수 있으니 필자가 시키는대로 하라고 일러 주었습니다.

그 남자 분은 집으로 돌아가 필자가 시키는대로 하였고, 그 후 전화가 왔기에 필자는 조만간에 좋은 일이 있을 터이니 무조건 하고 사업을 하고 있는 친한 친구를 찾아가면 필시 기사회생할 수 있는 기회가 생길 터이니 그 기회를 절대로 놓치지 말고 붙잡으라고 일러 주었습니다.

얼마 지나지 않아 그 남자 분에게 소식이 왔는데, 친구를 만나 그 친구가 하던 공장을 호조건으로 인수를 하고 돈을 벌면 공장 인수금을 갚겠노라고 약속을 하였다는 것이었습니다.

필자는 잘 될 것이라고 하며 축하와 격려를 아끼지 않았습니다. 그후 그 남자 분은 그 길로 성공 가도에 올라 지금도 필자와 인연을 맺고 있습니다. 모두가 조상 공양의 힘이 아닌가 생각합니다.

제 3 화

3 오랫동안 안 팔리던 1층 빌라가 바로 팔렸다!

경북 왜관 ○○동 기독교 신자인 40대의 김○○씨는 재산 증식을 할 목적으로 빌라 한 채를 구입하였습니다. 그런데 뜻하지 않게 남편의 사업 실패로 살고 있던 빌라를 급하게 처분하지 않으면 안되었습니다.

그래서 필자를 찾아온 것이었습니다. 필자는 자초지종을 듣고 혼자서도 조상 공양을 할 수 있으니 그리하면 팔릴 수 있을 것이라고 일러 주었습니다. 김씨는 반신반의 하면서 속는 샘치고 그리해 보겠다 하며 돌아갔습니다.

며칠이 지나 김씨가 환한 얼굴로 찾아와 조상 공양을 한 이야기를 해

주었습니다. 얘긴즉,

기독교 신자인 김씨는 남편 몰래, 필자가 일러준대로 조상 공양을 하였다고 합니다. 조상 공양을 끝내고 잠을 청하는데 비몽사몽간에 수염이 하얗고 두루마기를 점잖게 입으신 할아버지가 나타나, '아무 걱정 하지 마라. 내가 집을 팔아 주마.' 하고 사라졌다는 것이었습니다.

김씨는 깜짝 놀라 벌떡 일어났는데, 꿈이었답니다. 이상하다 하고 생각하며 다시 잠을 청하고, 다음날 아침을 해 먹고 잠시 쉬고 있는데 전화가 왔다고 합니다. 그 전화는 예전부터 알고 지내는 약사부부가 있었는데, 그 부부가 자신의 빌라를 사겠다고 전화를 한 것이었습니다.

그 길로 김씨는 빌라 매매 계약을 하고 처분하게 되었다고 합니다.

기독교 신자라고 처음엔 꺼렸지만, 조상 공양을 진심으로 행하여 덕을 본 것입니다. 진실한 마음은 종교를 초월하는가 봅니다.

제 4 화

4 돌아가신 아버지가 꿈에 나타나 찾던 물건을 찾아주셨다!

2001년 대구시 ○○동 최모씨에게서 전화가 온 것은 늦가을 저녁 무렵이었습니다.

최씨에게는 몇 년 전에 돌아가신 아버지 기일忌日이 며칠 남지 않았는데 이사를 하게 되었답니다. 이사를 하고 제사를 준비하기 위하여 제기와 위패를 찾아 정성스럽게 닦아 놓고 친지에게 연락을 하려고 전화번호가 적혀 있는 수첩을 찾으니 어디에서도 찾을 수 없더랍니다.

이사를 할 때 분실했겠구나 하는 생각으로 자포자기 하다가 필자에게 이 일을 어찌해야 되냐고 물어 온 것이었습니다. 필자는 최씨에게 말하기를, '필시 그 수첩이 중요한 것이니 그렇게 쉽게 없어지지는 않을 것이다.'라고 안심을 시켜드리고, 제삿날 이전에 간단하게 위패를 모시고 돌아가신 아버님께 소원성취 조상 공양을 올리는데, 소원성취 발원문에 '친지들의 연락처가 적혀 있는 수첩을 잃어 버렸으니 부디 찾게 하여 주시옵소서'라는 글 귀를 넣어 읽으라고 일러 주었습니다.

전화 통화를 마친 최씨는 필자가 일러준 대로 하였다고 합니다. 그리고 그 날 밤 꿈을 꾸었는데, 돌아가신 아버지가 나타나셔서 또렷한 음성으로, '거실에 있는 책꽂이 왼 쪽에서 두 번째칸의 세 번째 줄에 있는 책을 다 뽑아 보거라. 그러면 그 곳에 수첩이 있을 것이다.'라고 하셨다는 것입니다. 최씨는 깜짝 놀라 일어나서 아버지께서 말씀하신 책꽂이 칸의 책을 모두 빼보니, 책을 뺀 그 뒤에 수첩이 숨겨져 있었답니다.

최씨는 돌아가신 아버지께 거듭 감사하다는 말을 전하고, 무사히 친지들을 불러 제사를 정성스럽게 마쳤다고 필자에게 연락을 하였습니다. 필자도 놀라움을 금치 못하였으니, 조상 공양이 그저 허황된 것이 절대 아니라는 것을 증명한 것이라고 생각하였습니다.

5 죽은 이들의 영혼이 천도되었다!

서울시 ○○동 필자가 모 사무실에 근무하던 때였습니다. 그 사무실 김모 사장은 고 2 학생의 외아들이 있었는데, 불행하게도 여름에 단체로 물놀이를 갔다가 익사 사고를 당하여 외아들을 잃고 말았습니다. 그 사장이 워낙 호인이시라 물놀이를 주관했던 단체의 책임자에게 크게 나무라지 않고 사고를 좋게 종결해 주었습니다.

교회를 다녔던 그 사장 내외분은 그 사고 이후로 더욱 더 열심히 교회에 나갔습니다. 그런데, 그런 사건 이후에 이상하게도 사무실을 누군가 지켜 보는 느낌이 들곤 했습니다. 필자는 이런 느낌을 사장에게 말하였습니다. 그랬더니 그 사장도 그런 느낌을 받았다고 솔직하게 말하였습니다.

그리고 며칠 후, 필자는 공휴일에 당직을 서게 되었습니다. 혼자 사무실을 지키게 된 필자는 앉아서 서류를 보고 있었는데, 사무실 문쪽에서 누군가 보고 있다는 느낌을 받고 순간적으로 고개를 돌려 문쪽을 보았습니다. 필자는 시커먼 사람 형체의 뒷모습을 보고 말았습니다.

필자는 얼른 일어나 그 형체를 쫓아 갔으나 아무 곳에서도 찾을 수 없었습니다. 그 후로 그 사장도 그런 경험을 하게 되었고, 꿈자리도 항상 사나워 잠잔 것 같지 않다고 하였습니다. 운영하던 사무실도 점점 어려워져 문을 닫을 지경까지 이르게 되었습니다.

필자는 사장에게 조상 공양을 한번 해 보라고 권하였습니다. 교인이었던 사장은 그 자리에서 흔쾌히 답변은 하지 않았으나 다음 날 그렇게 해 보자고 하였습니다. 필자는 정성스럽게 조상 공양을 해 주었습니다.

조상 공양을 한 이후로 사장은 꿈자리도 편해졌고, 그런 주검의 형체도 보이지 않게 되었으며, 사무실도 점차 안정되게 되었습니다.

6 현실로 보이던 죽은 아이 혼령이 천도되었다!

이 이야기도 필자가 경험한 이야기 입니다.

필자가 산골 마을로 이사를 오게 된 것은 2006년 봄이었습니다. 이사를 온 며칠 뒤에 뜰에 어른 거리는 무언가가 있어 언뜻 보니, 예닐곱 살 정도의 여자 아이 혼령이었습니다. 그 아이는 물끄러미 필자를 바라보고 있었는데, 슬퍼보이는 얼굴이었습니다. 필자가 순간 생각하기를, '이 아이가 무슨 사연이 있는데 좋지 않은 사연이겠구나'하고 여자 아이 혼령에게 우선 양밥을 처방하고 좋은 날을 잡아 조촐하게 천도를 하여 주었습니다.

그 아이는 과거에 이 마을에 살고 있었는데, 교통사고를 죽은 아이였습니다. 필자가 이사를 온 것을 알고 찾아왔던 것이었습니다. 혼령들도 살아있는 사람과 같아서 여기저기 궁금한 곳을 돌아다니거나, 한 맺힌 곳이나 사람을 찾아다니거나, 자신의 한恨을 풀어줄 상대를 찾아 헤매는 경우가 많습니다.

천도재를 올린 이후로 앞 뜰에 여자 아이의 혼령은 나타나지 않았습니다. 그 이후에 꿈에 그 아이가 나타났는데, 밝은 표정으로 고맙다는 인사를 하고는 높이 있는 빛 속으로 사라졌습니다.

그러한 영혼의 소원이나 한을 풀어 주는 것은 살아 있는 사람이 해야 할 일이기도 하고, 차후 자신이 죽어서 극락에 갈 수 있는 발판을 마련하는 일이라고 생각합니다.

세상에는 불가사의한 일들이 많습니다. 우리가 눈에 보이는 현상세계 이외에도 분명히 다른 세계가 존재하고 있습니다. 그것을 믿고 살던 믿지 않고 살던 어렵게 사람으로 태어난 이상, 착하게 최선을 다하는 삶을 살아나가야 할 것입니다.

7 빙의憑依 되었던 할머니가 정상을 되찾았다!

강원도 춘천에 있을 때의 일입니다. 50대 중반의 시골풍의 남자 분이 필자를 찾아오더니 다짜고짜 자신의 집으로 데리고 갔습니다. 영문도 모르고 끌려가다시피 한 필자가 그의 집을 찾아 갔을 때, 그 곳에는 혼수상태인 것으로 보이는 할머니가 안방에 누워계셨고, 화가나서 알아듣지도 못하는 말을 쉬지 않고 하고 있었습니다. 그런 할머니를 보통 사람들처럼 진정시키려했지만 아무 소용이 없었습니다.

할머니는 안방에 누워계셨는데, 다른 영혼이 빙의憑依되어 있었습니다. 필자는 가족들을 안방에서 내보내고 할머니와 단둘이 자리를 마련하였습니다. 그렇게 한 후, 안방을 둘러보니 사기邪氣가 가득차 있었습니다. 필자는 일단 안방을 정화淨化하고 난 뒤, 할머니에게 빙의된 혼령과 대화를 시도하였습니다.

필자가 빙의령憑依靈에게 묻기를, '당신은 누구시기에 할머니에게 와 있습니까?' 하니,

빙의령은 할머니 입을 빌어, '나는 이 집에 사는 터줏대감인데, 가족들과 항상 함께 생활하고 있어! 나는 언제나 할머니 몸을 빌어 가족들이 나가면 함께 나가고, 들어오면 함께 들어 오곤 하지!' 라고 화가 난 듯이 퉁명스럽게 말하는 것이었습니다.

필자는 다시 물었습니다.

'무슨 일로 화가 나셨습니까?' 하니,

할머니에 씌인 빙의령이 기분 나쁜 듯 대답하기를,

'아 글쎄 이놈들이 나만 쏙 빼놓고 제주도 여행을 갖다온거여!!!' 하는 것이었습니다.

필자는 빙의령에게 너무 기분 나쁘게 생각하지 말라고 하고는, 할머니의 큰아들과 며느리를 불러 진짜 그런 일이 있었느냐고 물으니, 그렇다고 하며 송구한 듯 머리를 조아렸습니다.

필자는 할머니와 가족들을 불러 놓고 앞으로는 절대 그런 일이 있어서는 안될 것이라고 일러주고, 만일 그런 일이 또 발생하게 되면 할머니는 돌아가실 것이라고 하였습니다.

그리고 조상 공양하는 방법을 일러주고 할머니에게 효도하라고 하고는 돌아왔습니다.

보름이 지났을까, 그 남자 분이 필자를 찾아왔습니다. 어머니를 살려주셔서 감사하다며 고마움을 표시하였습니다. 필자는 아무일도 한 것이 없으니 너무 그렇게 생각지 말라고 하였습니다.

죽은 언니가 꿈에 계속해서 나타났으나 조상공양으로 꿈자리가 편해졌다!

40대 초반의 한 여인이 찾아왔습니다. 대구시에 사는 김모 여인이었는데, 얼마전 임파선암으로 죽은 언니가 꿈 속에 나타나, '나는 외로워서 도저히 못가겠다. 너와 함께 가야겠다!'라고 하였답니다. 김 여인은 꿈 속에서도 소스라치게 놀랐고 기분이 몹시 나빠 그 꿈을 꾼 이후로는 아주 괴로운 마음으로 지내고 있었다고 합니다. 더구나 그 여인은 자신이 당뇨병을 앓고 있어 몸이 점점 기력을 잃고 있다고 하였습니다.

필자는 김 여인에게 종교가 무엇이냐고 물으니 독실한 기독교 신자라고 하여, 혹시 언니가 죽은 이후에 49재를 지내주었냐고 물으니, 그 여인은 기독교를 믿기 때문에 하지 않았다고 하였습니다.

그래서 필자는, 종교는 그 방법만 다를 뿐 추구하는 목적은 같으니 누구 눈치 보지 마시고 속는 셈치고 조상 공양을 진실한 마음으로 한 번 해 보시기 바란다고 하며 그 방법을 일러 주었습니다.

김 여인은 돌아가서 집 식구들과 상의 한 후, 모 사찰에서 언니의 49재를 해 주었고, 그 날 밤 꿈에 언니가 밝은 표정으로 나타나더니, '이제는 좋은 곳으로 갈꺼야. 잘 살아.' 하며 하늘로 올라갔다고 합니다.

그러고 난 후, 김 여인은 꿈에서 언니를 볼 수가 없었고, 마음이 편해지고 당뇨 수치가 낮아져서 즐거운 마음으로 생활하고 있다고 소식을 전해왔습니다.

9 부도가 난 사람이 다시 기사회생하다!

서울시 ○○동에 사는 장모씨가 필자를 찾아 온 것은 2006년 초여름 이였습니다.

장씨는 사우나장을 운영하고 있었는데, 경영난으로 봄에 문을 닫아 놓은 상태로 지금은 경매 절차가 진행 중이라고 하였습니다. 필자를 찾아 온 장모씨는 초췌한 모습으로 찾아와 어찌하는 방법이 없겠느냐는 것이었습니다.

장씨는 울먹이며 당장 어디가서 생활할 형편도 않되고, 돈도 없어서 무엇을 해야 잘 된다고 해도 돈이 없어서 못하였다고 하였습니다. 필자는 그런 것이 무슨 걱정이겠냐며 마음을 진정시키고, 조상 공양을 하는 방법을 자세히 일러 주었습니다.

장씨는 집으로 돌아가 필자가 시키는대로 조상 공양을 마치고 며칠이 지나지 않아 알고 지내던 재력가 한 분에게서 도움을 받아 다시 사우나장을 개장하고 마음의 안정도 찾았다고 합니다.

며칠 만에 일어난 일이라 필자도 믿기지 않았습니다만, 진실로 조상 공양을 한 것이라고 생각해 보았습니다. 정성이 하늘에 닿았던 것이겠지요.

이 이외에도 많은 기적들이 일어난 것을 목격하였으나, 지나치면 아니함만 못하다는 속담이 있듯이 적당한 이야기로 마루리를 할까 합니다.

분명한 것은 진실한 마음은 모든 것을 바꿀 수 있고, 이룰 수 있고, 기적을
이뤄내는 것입니다.

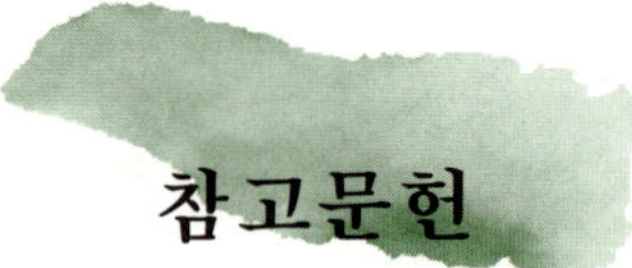

참고문헌

『四禮便覽』· 黃泌秀 · 書業堂藏版 *(1900)*

『四禮便覽冠婚喪祭禮大典』· 金赫濟, 韓重洙 · 明文堂 *(1981)*

『韓國의 孝와 孝行』· 韓泰源 · 南島 *(1990)*

『易巫白書』· 河萬壽 · 민산출판 *(1993)*

『傳統文化의 脈』· 慶尙北道敎育委員會 *(1987)*

『운명을 지배하는 조상공양』· 무송거사 · 참빛 *(1995)*

『佛敎辭典』· 龍夏 · 東國譯經院 *(1995)*

『明倫敎鑑』

『禮節』· 鄭夢花 · 螢雪出版社 *(1994)*

『韓國人의 意識構造』· 李圭泰 · 文理社 *(1977)*

『心靈과 輪廻의 世界』· 吳亨根 · 佛敎思想社 *(1979)*

『티벳死者의 書』· 파드마삼바바. 류시화번역 · 정신세계사 *(2000)*

『四書三經』· 柳正基책임감수 · 금성문화사 (1992)

『千秋名鑑』· 具淳書 · 常綠出版社 (1975)

『人間의 마음』· 카알맨닝거 · 白潮出版社 (4294)

『생활 속의 금강경』· 우룡 큰스님 · 효림 (2004)

『한글대장경 본연부』· 동국역경원 (1971)

『한글대장경 아함부』· 동국역경원 (1973)

『바른한글 반야심경』· 明峰한글번역, 雲藏풀이 · 正明社 (1982)

『왕초보, 불교박사되다』· 석지현, 윤창화, 일지 · 민족사 (2002)

『治禪病秘要經』· 至晤 · 大覺出版部 (1982)

『法句經』· 金達鎭 · 玄岩社 (1962)

『심령치료』· 安東民 · 瑞音出版社 (1994)

『심령진단』· 安東民 · 瑞音出版社 (1994)

『孝經』· 成東鎬 · 弘新文化社 (1982)

『道德經』· 盧台俊 · 弘新文化社 (1987)

『地藏經』· 權相老 · 보련각 (1985)

참고문헌